Joseph Huber
Die neuen Helfer

SERIE PIPER
Band 746

Zu diesem Buch

Die Alternativbewegung ist aus den Kinderschuhen heraus: Ein neuer Professionalismus setzt sich durch. Als »kleine freie Träger« gliedern sich die Alternativprojekte und Selbsthilfegruppen im medizinischen, sozialen und kulturellen Bereich dem bestehenden System an. Sie knüpfen neue soziale Netze und leisten neue soziale Dienste. Dem autoritären Berufsmodell setzen die neuen Helfer ihr kooperatives Modell entgegen, das bei Gruppenarbeit am besten wirkt. So tun sie ihre Arbeit besser und billiger. Die Aussteiger von gestern werden damit zu den Pionieren eines weiteren Systemwachstums. Dies bringt sie in das Dilemma, sich gegenüber dem Staat zwischen einer wirkungslosen »autonomen« Konfrontation oder einer wirkungsvollen »abhängigen« Kooperation entscheiden zu müssen.
Der Autor, der 1980 mit seinem Buch »Wer soll das alles ändern?« die Alternativ- und Selbsthilfebewegung einem breiten Publikum bekanntmachte, gibt hiermit eine Bilanz ihrer Entwicklung. Diese Bilanz beruht auf Anschauung und Erfahrung, aber auch auf einer empirischen Untersuchung von Selbsthilfegruppen am Beispiel des »Berliner Modells«.

Joseph Huber, geboren 1948. Dr. rer. pol., Wirtschafts- und Sozialwissenschaftler. Privatdozent am Otto-Suhr-Institut der Freien Universität Berlin. Z. Z. Mitarbeiter des Wissenschaftszentrums Berlin (Intern. Institut f. Umwelt u. Gesellschaft).
Veröffentlichungen: »Die verlorene Unschuld der Ökologie«, Neuaufl., Frankfurt/Main 1986; »Die Regenbogengesellschaft«, Frankfurt/Main 1985 u. a.

Joseph Huber

Die neuen Helfer

Das »Berliner Modell«
und die Zukunft
der Selbsthilfebewegung

Piper
München Zürich

ISBN 3-492-10746-X
Originalausgabe
Mai 1987

Umschlag: Federico Luci,
unter Verwendung des Gemäldes
»La douce nuit à Kreuzberg« (1982) von Ernst Volland
(Nationalgalerie Berlin, © Volland)
Gesamtherstellung Clausen & Bosse, Leck
Printed in Germany

Dieses Buch verdankt seine Entstehung einem Auftrag des Berliner Senators für Gesundheit und Soziales, eine Untersuchung über die Wirkungen von Selbsthilfegruppen durchzuführen.

Ebenso verdankt es sich der Zeit und dem Wissen, das viele Mitglieder von Selbsthilfeprojekten, Fachkollegen und Mitarbeiter der Verwaltung beigesteuert haben. Kritisch gegengelesen hat insbesondere Thomas Schmid.

Die Verantwortung für den Inhalt liegt beim Verfasser.

Inhalt

Vom Industrierevier zur Dienstleistungsmetropole: Von Elberfeld 1850 nach Berlin 2000

Sprüche hört man in Berlin an jeder Ecke. Einer heißt, die Bundesrepublik sei die offene Anstalt, Berlin die geschlossene. Das macht einen Unterschied in der Art der Behandlung, die Art der Betroffenheit ist die gleiche.

Worum es hier geht, betrifft die Menschen in jeder Gesellschaft, die sich auf einem hohen Entwicklungsniveau von Wissenschaft und Wirtschaft bewegt und dabei den modernen Sozialstaat hervorgebracht hat. Es geht um die nächsten Entwicklungsschritte dieses Sozialstaats, und um jene, die diese Schritte pionierhaft als erste tun: die *Selbsthilfegruppen*, wie sie im medizinischen, psychosozialen und pädagogischen Bereich zunehmend tätig geworden sind; die neuen *sozialen und kulturellen Dienstleistungen*, die in engem Zusammenhang mit diesen Gruppen entstehen; und die *neuen Helfer*, die diese Dienste leisten.

Hervorgegangen sind die heutigen Selbsthilfegruppen aus dem breiten Strom der neuen sozialen Bewegungen seit Ende der 60er Jahre – der 68er Studentenbewegung, den bürgerrechtlichen Solidaritätsbewegungen, diversen Strömungen der Bewußtseinserweiterung, Selbsterfahrung und Persönlichkeitsemanzipation, der Frauenbewegung, der Ökologie- und Alternativbewegung, der neuerlichen »Jugendrevolte«, von den Jugendzentren in Selbstverwaltung Anfang der 70er bis zu den Hausbesetzern Anfang der 80er Jahre. Diese Bewegungen haben heute ihren Höhepunkt erreicht und überschritten. Aber vieles, was sie neu oder erneut hervorgebracht haben, besteht fort und bereichert das gesellschaftliche Leben. Die überwiegende Zahl der Alternativprojekte war immer auf sozialem und kulturellem Gebiet tätig. Hier liegt ihre Bedeutung.

Sobald die Euphorie der Aufbauphase verflogen ist und das heroische Gefühl, einer aufstrebenden Bewegung anzugehören, vom Alltag aufgebraucht ist, durchlaufen die Alternativ- und Selbsthilfeprojekte einen raschen Prozeß der Professionalisierung und Etablierung. Sie gliedern sich dem bestehenden Dienstleistungs- und Versorgungssystem als »kleine freie Träger« an und ein. Sie erschließen neue Berufs- und Wachstumsfelder.

Aber ihr berufliches Handeln und ihr wirtschaftliches Wachstum ist ein qualitativ verändertes. Es entspricht nicht mehr dem autoritären Modell vom »Gott in Weiß«, bei dem der eine Probleme hat und der andere so tut als wisse er genau, wie sie zu behandeln seien. Die neuen Helfer praktizieren ein kooperatives Modell, bei dem Experten und betroffene Laien als einander ebenbürtig und gleichermaßen verantwortlich, gewissermaßen als »Team«, Lösungen entwickeln. Handeln in *Gruppen* ist dafür eine der angemessensten und wirksamsten Formen.

Die Gruppen erbringen jedoch nicht nur fachliche Leistungen, zugleich ergänzen sie die sozialen Netze der Familie, Freundschaft und Nachbarschaft. Sie bilden *neue soziale Netze*. Man könnte auch sagen, sie schließen im Reißverschlußverfahren die Lebenswelt der einzelnen an das System von Markt und Staat an. Damit verbinden sie auch die fachliche Funktion mit sozialer Integration und das freiwillig-ehrenamtliche Engagement des Bürgers und Laien mit der bezahlten Professionalität moderner Dienstleistungen. Zwischen den kleinen sozialen Netzen des Alltagslebens und dem großräumig umfassenden öffentlichen Netz der sozialen Sicherheit spannen die heutigen Selbsthilfegruppen ein weiteres und zunehmend wichtiger werdendes Netz. Ohne diese neuerliche Verbindung müßten die zentrifugalen Kräfte der Gesellschaft überhand nehmen und den Sozialstaat in eine Kettenreaktion von Aufgaben- und Kostenexplosionen verstricken.

Wenn Staat und Verbände heute vielerorten dazu übergehen, ihren alternativen Kritikern nicht nur ideell Gehör zu schenken, sondern sie auch finanziell zu fördern, geschieht dies aus Einsicht in diesen Sachverhalt. Die systemverändernde Perspektive vieler Gruppen geht in der präventiven Prospektive des Systems als ihrem Divisor restlos auf. Jede Mark, die Selbsthilfegruppen und neuen Helfern zufließt, erspart in den meisten Fällen vier bis zehn Mark, die für Krankheits-, Krisen- und Probleminterventionen sonst fällig würden. Während im letzteren Fall häufig viel Geld ausgegeben werden muß, weil sich ohnehin miserable Zustände zugespitzt haben, bewirken Selbsthilfegruppen und neue Helfer regelmäßig eine Stabilisierung und Verbesserung von Lebensbedingungen.

Das »Berliner Modell« könnte auch den Namen einer anderen Stadt tragen. Denn Selbsthilfeprojekte und entsprechende Entwicklungen gibt es in allen großen Städten, ja, im Zuge der weiteren Urbanisierung und Modernisierung in jedem kleinen Ort, der äußerlich noch wie ein ländliches Dorf aussehen mag, in Wirklichkeit aber längst zur Peripherie einer Metropole gehört. Berlin unterscheidet sich von anderen Metropolen dadurch, daß ihr dieser periphere Puffer fehlt. Die »Frontstadt« wird deshalb früher als andere auch von *sozialen* Frontkonflikten erfaßt. Sie bekommt damit früher die Chance zu neuen Lösungen und Entwicklungen. Die Studentenbewegung ebenso wie die Frauenbewegung oder Alternativbewegung fanden in Berlin ihr Zentrum; hier gibt es bis heute die dichteste Alternativ- und Selbsthilfeszene; von hier kommt die Tageszeitung »taz«; hier entstanden zuerst wichtige Selbsthilfe-Infrastrukturen wie z. B. das »Netzwerk Selbsthilfe« oder der alternative »Gesundheitstag«; und hier wird schließlich zum erstenmal die staatliche Förderung der Selbsthilfegruppen und neuen Dienste systematisch betrieben.

Dies geschieht in Form eines Förderungsfonds, dem »Selbsthilfetopf«. Dieser enthielt bisher 7,5 Millionen Mark. Er wurde, auf der parlamentarischen Grundlage einer »Großen Anfrage über alternatives Leben« und daraus folgender Beschlüsse, beim Senator für Gesundheit und Soziales 1983 eingerichtet. Die »Knete« aus dem »Selbsthilfetopf« wird von der alternativen Interessens- und Standesorganisation »AK Staatsknete« ebenso barsch und vielstellig gefordert, wie vom zuständigen Senator, Ulf Fink, freundlich aber knapp bewilligt. Er hat dem »Berliner Modell« den Namen und seine vorläufige Prägung gegeben. Es versteht sich jedoch, daß etwas derartiges nicht allein vom grünen Tisch der Politik aus gestiftet wird. Es bildet sich vielmehr als gemeinsames Produkt einer Mehrzahl von Akteuren heraus, auch wenn diese das nicht so sehen und einander nicht immer wahrhaben wollen. Aber ein gemeinsames Produkt kann sowohl aus einem Dissens als auch aus einem Konsens erwachsen. Das gehört auch zu Berlin, daß Entwicklungen hier gelegentlich etwas extrem und grotesk laufen. Wer aber deshalb über die »Berliner Spinner« die Achseln zucken möchte, dem sei – mit den Worten eines alten Rauschebarts, der hier zu Lebzeiten schon und später in beiden Teilen der Stadt gewisse Rollen spielte – gesagt: »de te fabula narratur«, hier ist das Bild deiner eignen Zukunft.

Das heißt nicht, daß am Berliner Modell die Welt genesen soll. »Modell« heißt ja im politischen Sprachgebrauch vieles – dieses Hochschulmodell da, jenes Verwaltungsmodell dort, ein Tagesmüttermodell hier und ein Arbeitszeitmodell woanders – richtig und wichtig die meisten, und doch hat man sie bald wieder vergessen. Nur wenige erlangen über den Tag hinaus Bedeutung. Zu ihnen gehört das »Elberfelder Modell«, auch »System von Elberfeld« genannt, eines der wegweisendsten in der bisherigen Geschichte der Sozialarbeit und der sozialen Dienste überhaupt. Man kann, was heute im Zusammenhang mit Selbsthilfegruppen und neuen Helfern stattfindet, wohl am besten verstehen, wenn man es dazu in Beziehung setzt und so die Linien aus der Vergangenheit heraus über die Gegenwart in die Zukunft zieht.

Das »Elberfelder Modell« entstand um 1850. Elberfeld ist ein Teil des heutigen Wuppertal. Aus dem anderen Teil der Stadt, Barmen, stammt die Barmer Ersatzkasse, gegründet als Selbsthilfeeinrichtung des »Kaufmännischen Vereins von 1867«. Elberfeld-Barmen war damals eine Frontstadt des sich gerade bildenden Ruhrgebiets. Die Industrialisierung ging mit einer Entwurzelung, Verarmung und Verwahrlosung breiter Schichten einher. Für die Armenunterstützung mußte damals häufig die Hälfte der Gemeindebudgets verwendet werden. Das machte auf die Dauer Maßnahmen erforderlich, die man bis dahin nicht kannte: nicht einfach Bettelsuppe und Stock, und nicht nur Arbeits- und Zuchthaus, sondern moderne Armenfürsorge[1]. Diese wurde von einer kirchlichen zur kommunalen Aufgabe. Die Kommune setzte Armenpfleger ein, die die Betroffenen wöchentlich aufsuchten. Sie prüften deren Bedürftigkeit, gewährten Geld, Essen, Kleider und Bettzeug. Sie prüften des weiteren, ob die Betroffenen arbeitsscheu oder arbeitswillig waren. Die Geldleistungen für die Willigen lagen unter den niedrigsten Löhnen. Die Armen sollten zur Arbeit angehalten werden. Man versuchte systematisch, sie an die neuen Fabrikanten zu vermitteln. Wo das nicht gelang, wurde versucht, öffentliche Arbeiten zu beschaffen. Organisiert wurde das ganze von der Armendirektion (die inzwischen Sozialamt heißt).

Die Armenpfleger waren ursprünglich rein ehrenamtlich tätige Bürger. Ihr Ehrenamt übten sie allerdings nicht immer ganz freiwillig aus. Wer sich entzog, mußte damit rechnen, erheblich höhere Steuern zu zahlen. Mit der Zeit jedoch trat an die Stelle der ehrenamtlichen Armenhelfer der neue Berufsstand der festbeschäftigten Sozialarbeiter[2].

Parallel dazu entstand die freie Wohlfahrtspflege. 1848 gründete der Protestant Wichern in Erneuerung der kirchlichen Diakonie die »Innere Mission«. Wie die Neger und Indianer in den Kolonien, sollten auch die inländischen »Neger« – die Verarmten, Verwahrlosten und Verwilderten – für die neue industrielle Ordnung erobert werden. Das Rote Kreuz folgte 1863, später dann auch die katholische Caritas (1897) und noch später die Wohlfahrtsstelle der Deutschen Juden, die Arbeiterwohlfahrt und der Paritätische Wohlfahrtsverband. Mit ihnen verbreiteten sich neue soziale und kulturelle Berufe, meist als Frauenberufe, teils ehrenamtlich und teils bezahlt: Gemeindeschwester, Krankenschwester, Kinderschwester.

Das Berlin von heute ist nicht das Ruhrgebiet von gestern. Damals drehte sich alles um die »soziale Frage«, um den Klassenkampf zwischen Kapital und Arbeit. Heute geht es um die »neue soziale Frage«, das heißt um die vielerlei Minderheiten, Sonder- und Randgruppen, die, auch wenn sie viele sind, im Schatten der großen Arbeitgeber- und Arbeitnehmerorganisationen stehen, oder die aufgrund sonstiger Umstände in eine Randstellung geraten – Frauen, Jugendliche und Alte, die es auf je eigene Weise schwer damit haben, ihren sinnvollen Platz in der Erwerbsgesellschaft zu finden; Arbeitslose jeden Geschlechts und jeden Alters; schwer und chronisch Kranke; Behinderte; Ausländer; Problemgruppen anderer Art, von Trinkern und

Straffälligen bis zu hoffnungslos Vereinsamten. Die typischen Probleme der Informations- und Dienstleistungsgesellschaft sind im Vergleich zu denen der frühen Industriegesellschaft nicht mehr so sehr materieller als mehr psychosozialer Natur – aber es sind weiterhin existentielle Probleme.

Damals ging es vor allem um die Integration der Arbeiter und die Stabilisierung der industriellen Arbeitsgesellschaft. Deshalb waren die sozialen Dienste nach dem »Elberfelder Modell« zwar wichtig, aber nicht so vorrangig wie der Aufbau von *Einkommen* durch bessere Löhne und die Systeme der sozialen Sicherung (Unfall- und Krankenversicherung, Renten). Heute geht es dagegen vor allem um die Integration der nicht-erwerbstätigen Bevölkerungsgruppen, die ja die Mehrheit bilden, und um die Stabilisierung des sozialen und ökologischen Umfeldes der Arbeitsgesellschaft. Damit treten, nachdem die sozialen Sicherungssysteme etabliert sind, die sozialen und kulturellen *Dienstleistungen* in den Vordergrund.

Mehr noch als damals entstehen daraus heute neue Berufe – Berufe für die neuen Helfer. Im Unterschied zu den Armendienern und Armenpflegern umgibt sie nicht mehr die autoritäre Aura des Zuchthauses und Kasernenhofes. Mit ihnen hält in Schul- und Krankenhäusern, Frauenhäusern, Jugendzentren, Altenheimen, Irrenanstalten und Gefängnissen ein kooperatives Klima Einzug. Aus den industrienotwendigen Zwangs- und Disziplinierungsanstalten von damals werden die freiheitlichen Selbstdisziplinierungsanstalten der Informations- und Wissenschaftsgesellschaft von heute und morgen. Sie strafen und züchtigen nicht, jedenfalls nicht offen. Sie loben und streicheln ihre Leute dorthin, wo sie sie haben wollen – manchmal genau so unerbittlich, und fast immer genauso staatstragend. Den heutigen Alternativ- und Selbsthilfeprojekten sieht man das noch nicht ohne weiteres an, und sie selbst sehen sich so am wenigsten. Aber das wäre ja nicht zum erstenmal in der Geschichte, daß sich jemand wundert, wie ihm geschieht.

Selbsthilfegruppen – Annäherung an ein eher unnahbares Phänomen

Zur Eigenart und zum Selbstverständnis vieler Selbsthilfegruppen gehört es, sich etwas unnahbar zu geben. Einem fragenstellenden Besucher wird ohnedies nur Unwesentliches erzählt. Spätkonvertierte Bewegungsgläubige, die wie letzte Mohikaner auf dem Pferd verkehrtherum sitzend nach der »Selbsthilfegesellschaft« spähen, lassen sich die tollsten Bären aufbinden. Auch als teilnehmender Beobachter bleibt man ein Fremdkörper, es sei denn, man wird zu einem beobachtenden Teilnehmer. Dann allerdings reibt sich das Dazugehören mit dem Darüberstehen. Die subjektive Solidarität gerät leicht in Gegensatz zum objektivierenden Urteil. Die wissenschaftliche Aufklärung behält damit auch hier ihre angeborene Nähe zum Auskundschaften oder gar Ausspionieren. Im Umgang mit Mitgliedern von Selbsthilfegruppen aber bleibt zuweilen unklar, ob sie eine schöne Intimwirklichkeit vor unbefugten Eindringlingen schützen, oder ob sie sich scheuen, eine vielleicht ernüchternde Wirklichkeit von Dritten beurteilen zu lassen.

So kommt es, daß über Selbsthilfe in den vergangenen Jahren schon fast unübersehbar viel geschrieben wurde und der Ausdruck als vertraute Vokabel in die Umgangssprache eingegangen ist, aber das scheinbar so bekannte und vertraute Phänomen sich dennoch häufig einer intimeren Kenntnis entzieht und das sprichwörtlich »unbekannte Wesen« bleibt. Dies gilt selbst dann, wenn man viele Erfahrungen mit der Selbsthilfebewegung gesammelt hat; und es gilt sicherlich erst recht für rein wissenschaftlich vorgehende Untersuchungen, die sich mit »äußerlichen« Merkmalen abfinden müssen, und denen es wohl deshalb grundsätzlich nicht möglich ist, zu den intimeren Wirklichkeiten der Selbsthilfe vorzudringen.

Auch wenn in diesem Buch wesentliche Erfahrungen und wissenschaftliche Methoden zusammentreffen, wird das »unbekannte Wesen« dennoch nicht bloßgestellt. Aber nach fünfzehn bis zwanzig Jahren Entwicklung der neuen sozialen Bewegungen, insbesondere auch der Selbsthilfebewegung im Gesundheits- und Sozialwesen, scheint allmählich der Zeitpunkt gekommen, eine vorläufige Bilanz zu ziehen – nicht mit den verklärten Augen der ersten Begegnung, sondern mit nüchternem Blick auf das, was aus seiner euphorisch-heroischen Aufbruchszeit herausgewachsen ist und zu einer Alltäglichkeit zu werden beginnt.

Aktivitäten und Arten von Selbsthilfegruppen

Eine Selbsthilfegruppe beginnt häufig damit, daß jemand eine Anzeige aufgibt. Solche Suchanzeigen lauten etwa folgendermaßen:

»Lehrer sucht Lehrer/innen. Im Gespräch sollen allgemeine schulische Probleme aufgearbeitet werden.«
»Frauen um die 50. Wir sind noch fit und aktiv und suchen Frauen, die Lust haben, gemeinsame Aktivitäten zu planen und durchzuführen.«
»Depressionen. Zur Gründung einer Selbsthilfegruppe von Menschen mit Depressionen werden noch Interessenten gesucht. In der Anfangsphase wird die Gruppe von einer Psychologin begleitet.«
»Private Alkoholiker/innen. Wir sind alkohol- und medikamentenabhängig und suchen für unsere Gruppe Mitglieder, die mindestens zwei Monate trocken sind und die Teilnahme als verbindlich ansehen. Wir treffen uns einmal die Woche an unterschiedlichen Orten.«
»Weltfriedensplan! Eine neue Gruppe entsteht! Ich suche Menschen aus allen Berufen, um meinen Weltfriedensplan auszuarbeiten. Machen Sie mit! Für eine neue Welt, für ein menschenwürdiges Leben, neue Formen auszuarbeiten, unser Leben zu verändern.«
»Glaukom und Iritis. Zum Aufbau einer Gruppe werden noch Betroffene gesucht.«
»Trennungsgruppe. Wir suchen noch Teilnehmerinnen für unsere, von einer Psychologin angeleitete, Frauenselbsterfahrungsgruppe[1].«

Geht man von diesen Beispielen aus, dann ist unter Selbsthilfe zunächst einmal zu verstehen, daß Menschen die Initiative ergreifen und sich mit gleicherart Betroffenen zusammenschließen, um im Sinne eines gemeinsamen Anliegens etwas zu bewirken – ihr Los zu mildern, ihre Lebensbedingungen zu verbessern. Das entscheidende Schlüsselwort ist »Betroffenheit«, was nach Moeller »Handeln in eigener Sache«[2] bedeutet. Einfacher gesagt dienen Selbsthilfegruppen dazu, »Probleme und Schwierigkeiten miteinander zu besprechen und zu lösen«[3].

Zu diesem Zweck haben sich ganz verschiedene Formen der Gruppentätigkeit entwickelt. Gruppe und Gruppe sind meist zwei Paar Stiefel. Da gibt es zunächst die einfache *Gesprächsgruppe*, die primäre kleine »Gruppe für alles«, in der man sich trifft, sich »einbringt«, seine Anliegen »abarbeitet« usw. In spezialisierter Form wird daraus eine *themenzentrierte* Gesprächsgruppe, etwa zu den Themen Tod und Sterben, sein Schicksal annehmen, Sexualität bei bestimmten Krankheiten oder im Alter. *Fallspezifische* Gruppen versammeln spezifisch Betroffene wie z. B. Aids-»Positivengruppen« oder etwa im Bereich Sucht jeweils »Schnüffler«, »Schlucker« oder »Fixer«. Schließlich bilden sich *personspezifische* Gruppen »für Jugendliche«, »für Alte ab 50«, »für Neue«, »für Alleinlebende«.

Zweitens gibt es *therapeutische Gruppen* im engeren Sinn. Das sind etwa Supervisionsgruppen für Gruppenleiter, weil ja auch Therapeuten therapiert, Betreuer betreut werden müssen. Darüber hinaus gibt es therapeutische Sitzungen für einzelne, Teilgruppen oder die Gruppe als ganze, meist angeleitet von Professionellen oder erfahrenen Mitgliedern – Selbsterfahrung, Bioenergetik, Gestalttherapie, körperlich-seelisch-künstlerische Ausdrucksübungen, Atemtherapie, oder hausgemachte Gruppenspezialitäten wie z. B. das »Synanon-Spiel«[4].

Weniger body-and-mind-missioned sind drittens viele Gruppen mit *sportlich-handwerklich-musischen Freizeitbeschäftigungen:* Fußball oder Volleyball, Karate oder Tai Chi, Skat oder Schach, Malen, Flechten, Stricken, Häkeln, Töpfern oder Tischlern.

Viertens werden häufig *Aktionsgruppen* bei besonderen Anlässen gebildet: Jahresversammlung, Straßenfest, Benefizkonzert, Demonstration organisieren. Viele Selbsthilfegruppen, wenn sie nicht mehr ganz klein sind, haben auch eine feste Untergruppe »Öffentlichkeitsarbeit« und »Büroarbeit«.

Als fünfte Gruppenform finden sich Kurse, Seminare, Vorträge und andere Bildungsprogramme, oder sagen wir auch *(Selbst-)Schulungen*. Dabei geht es etwa um Ernährungsfragen, Wissen über dies und das, Informationen über Behandlungsmethoden, Fremdsprachenkurse für Deutsche, Alphabetisierungs- und Sprachkurse für Ausländer usw.

Der (Selbst-)Belehrung fügt sich sechstens nahtlos die *Beratung* an. Bald mausern sich einzelne Mitglieder zu Experten mit fundiertem Wissen. Einer Vielzahl von Anfragern können sie hilfreiche Auskunft geben: wo und wie man was am besten bekommt, wie man sich in bestimmten Situationen verhalten soll, an wen man sich mit was wenden kann. Das geht häufig in eine regelrechte Anwaltsfunktion über, besonders ausgeprägt etwa bei der Altenorganisation »Graue Panther«, deren Aktivisten als Schutz- und Trutzanwälte gegenüber Alters- und Pflegeheimen, gegenüber Ärzten, Krankenhäusern, dem Sozialamt oder der Rentenanstalt eingreifen.

Zur Beratung kommen siebtens *Lebenshilfestellungen* für Mitglieder oder auch andere Leute. Dabei handelt es sich etwa um Kinder- oder Schularbeitenbetreuung, um Hilfen beim Formularausfüllen, Briefeschreiben, Anträgestellen oder um Heim- und Krankenhausbesuche bei Leuten, die sonst keinen Besuch bekämen.

Häufig findet sich auch, was man *beruflich-soziale (Re-)Integrationsgruppen* nennen kann: Wohngemeinschaften für jugendliche »Alkis« und »Knackis« (Alkoholiker und Strafentlassene), Bildungskurse in beruflicher Absicht wie z. B. Maschinenschreiben oder Programmieren, Ausbildungsprojekte in diversen Berufen des Baugewerbes, schließlich regelrechte Zweckbetriebe zum Geldverdienen wie Druckereien, Party-Service, Schreiner- oder Schneidereiwerkstätten. Die Berliner »Ufa-Fabrik« betreibt sogar einen zauberhaften Zirkus[5].

Nun haben sich, nicht überraschend, recht bald Gruppen herausgebildet, die nicht (Selbst-)Hilfetätigkeiten im bisher angeführten Sinn erfüllen, sondern die überwiegend oder sogar ausschließlich etwas darüber Hinausgehendes tun. Dabei kann es sich einmal darum handeln, Selbsthilfegruppen zu koordinieren, zu organisieren, in der Öffentlichkeit zu repräsentieren o. ä. Das sind also die kleineren oder größeren *Selbsthilfe-Verbände* wie z. B. der bundesweite »Verband alleinerziehender Mütter und Väter« mit Hunderten von regionalen und lokalen Gliederungen, die ähnlich umfassende »Lebensabendbewegung«, der Berliner »AK Staatsknete«, der öffentliche Mittel für Gruppen erstreitet, oder die »Deutsche AIDS-Hilfe«, die u. a. mit Bundesmitteln bundesweite »Safer Sex«-Kampagnen durchführt. Zum anderen gibt es Gruppen, die nicht unmittelbar Selbsthilfe, sondern *Hilfe zur Selbsthilfe* leisten. Ein solches Projekt ist zum Beispiel das »Netzwerk Selbsthilfe«. Es verleiht oder spendiert seine Mittel aus Mitgliederbeiträgen an Projekte. Der Vergabemodus und die Kriterien, nach denen dabei vorgegangen wird, haben bei der Konstruktion des »Berliner Modells« des Sozialsenators Pate gestanden. Eine andere Hilfe-zur-Selbsthilfe-Organisation ist die »ABM-Clearingstelle«. Sie hilft Selbsthilfeprojekten, Arbeitsbeschaffungsmaßnahmen finanziert zu bekommen, um damit Personal beschäftigen zu können.

Es ergibt sich so eine Vier-Ebenen-Systematik der Selbsthilfegruppen[6]:

> Auf der *Basisebene* befinden sich die *Primärgruppen*. Dies sind die Gruppen »vor Ort« als der persönlich meist entscheidende Bezugspunkt.
> Eine Primärgruppe zählt durchschnittlich zwölf Personen[7]. Diese Primärgruppen der Selbsthilfe können sich durchaus auch in zwei oder drei Untergruppen gliedern, wie sie ihrerseits vielfach als »Untergruppe« der nächsten Ebene erscheinen.
> Auf der *normalen Bezugsebene* befinden sich faktische *Selbsthilfevereine* mit mehreren Primär- oder Untergruppen. Die meisten »Organisationen« auf dieser Ebene umfassen 3–8 Untergruppen, manche jedoch auch 20 oder ausnahmsweise sogar um die 40[8].
> Auf der *Dienstleistungsebene* befinden sich die Projekte, die überwiegend oder ausschließlich *Hilfe zur Selbsthilfe* leisten.
> Auf der *Verbandsebene* befinden sich die *(Hilfe zur) Selbsthilfe-Verbände*[9]. Diesen Verbänden gehören meist ein halbes bis ein ganzes Dutzend Vereine an, nur selten zwei Dutzend oder mehr.

Entstanden sind diese Strukturen überwiegend erst in den letzten fünf bis zehn Jahren. 55% der Projekte sind im Zeitraum zwischen 1982 und 1986 entstanden, weitere 21% zwischen 1977 und 1980. Nur 24% existieren schon seit über zehn Jahren; und nur 3% seit über zwanzig Jahren. Es ist deshalb richtig, von einer *neuen* Selbsthilfebewegung zu sprechen.

Selbstverständnis und politische Herkunft der Gruppen aus den neuen sozialen Bewegungen

Selbsthilfe beschränkt sich nicht auf den Gesundheits- und Sozialbereich. Zum Beispiel gibt es Selbsthilfeprojekte auch im Bereich Bauen und Wohnen. Hinsichtlich der Kleinbetriebe der »alternativen Ökonomie« oder der Umweltschutz-Bürgerinitiativen ließe sich ebenfalls von Selbsthilfe sprechen[10]. Die fließenden Übergänge rühren aus der engen Verbindung zwischen der neueren Selbsthilfebewegung und den neuen sozialen Bewegungen überhaupt. Nur 34% der Gruppen geben an, damit nichts zu tun zu haben. 40% dagegen führen mit stolzer bis sentimentaler Geste ihren Stammbaum zurück auf die Studenten-, Ökologie-, Alternativ-, Gesundheits-, Frauen- oder Friedensbewegung. Weitere 26% kommen vom Milieu oder Alter her nicht aus diesen Bewegungen, bestätigen aber eine ausgeprägte Nähe zu deren Ideen und Verhaltensweisen.

Dennoch, je mehr die Entwicklung weiterschreitet, desto weniger angemessen scheint mir die »Eingemeindung« der Alternativ- und Genossenschaftsbetriebe, der Eigenarbeit beim Bauen und Wohnen wie schließlich auch der Umweltschutz-Bürgerinitiativen in die Selbsthilfebewegung. Schon Anfang der 80er Jahre war deutlich geworden, daß der maßgebliche, sozusagen konstitutionelle Kern der neueren Selbsthilfebewegung auf dem Gebiet der *sozialen Netze* und der *sozialen Dienste* liegt.

Hoffnungen auf einen alternativen Gewerbesektor haben sich nicht erfüllt. Die wenigen Alternativtechniker sind Garagenbastler geblieben. Im Unterschied zu anderen solchen Bastlern, etwa den berühmten Herren Hewlett und Packard aus Palo Alto, waren sie nicht fähig oder nicht willens, mit ihren Produkten Existenzen zu begründen. Um Solartechnik, Wärme-Kraft-Kopplung, giftfreie Materialien, biotechnologischen Landbau o. ä. kümmern sich andere: die Etablierten. Die Alternativen betreiben statt dessen Cafés und Bücherstuben, Transport- und Entrümpelungskollektive, Tischlereien und Töpferwerkstätten, also nichts Innovatives. Mit dem Ausklingen der Alternativbewegung wird auf dem gewerblichen Sektor außer Vollkornbrot nicht viel übrig bleiben. Anders im sozialen und kulturellen Sektor. Hier sind Avantgarden am Werk, wenngleich auf Dauer auch nicht mehr sehr »alternativ«.

Es ist deshalb nur teilweise zutreffend, daß die Berliner Selbsthilfepolitik die Alternativbewegung auf die Schwerpunkte Gesundheit/Sucht/Psychiatrie, Behinderte, Alter, Familie/Kinder/Jugend/Jugendarbeitslosigkeit, Frauen, Gemeinwesenarbeit und Ausländer zusammengestutzt habe. Denn auch wenn man Gruppen hinzunimmt, die aus der Sicht der Verwaltung etwa zu den Ressorts Bildung, Wissenschaft, Kultur, Wohnen und Umwelt gehören würden, wird sich deren faktische Tätigkeit um *soziale Netze* und *soziale Dienste* drehen[11]. Zutreffend ist dagegen, daß sich die Sozialpolitik auf die bedeutenderen Strömungen der neuen sozialen Bewegungen konzentriert hat.

Dem entspricht spiegelbildlich ein Drängen der Projekte. Viele Selbsthilfegruppen handeln *auch* als politische Aktionsgruppen und »pressure groups«. Durchschnittlich 53 % der Mitglieder verbinden ihre Tätigkeit in der Selbsthilfegruppe mit »weitergehenden politischen Absichten«. Lediglich bei den Alten sind es nur noch 15 %[12]. Eine systematische Öffentlichkeitsarbeit im Sinne der Propagierung ihrer Anliegen und Interessen betreiben 58 % der Projekte. Das Politikverständnis dreht sich dabei mehr um die eigene Kirchturmspitze als um die weite Welt. In der Hälfte der Fälle zielt es ausschließlich darauf ab, die eigene Lebenswelt zu verändern (»bewußter leben«, »gesünder leben«) oder rein fachpolitisch etwas zu erreichen, d. h. die eigene Versorgungslage zu verbessern, Problembilder zu enttabuisieren u. ä.[13]

Darin drückt sich deutlich aus, daß das Entstehungsmotiv der Gruppen (ihre »Betroffenheit«) eben doch woanders liegt als im

Streben nach den höheren Sphären der Systemveränderung. Der Grad an Politisierung, der viele Selbsthilfegruppen immer noch kennzeichnet, macht sie deshalb *nicht konstitutionell* zu politischen Aktionsgruppen[14]. Vielmehr wird ihre politische Ladung im Zuge der Umwandlung von »Bewegungsenergie« in »Etablierungsenergie« allmählich abgebaut. Selbsthilfebewegungen haben bisher immer mit einem hohen Grad an Politisierung begonnen. Diese erübrigt sich in dem Maße, wie den jeweils dahinterstehenden Bedürfnissen und Interessen Genüge getan wird.

Darin liegt übrigens der Grund, weshalb politische Extremisten auf Selbsthilfe jeglicher Art grundsätzlich schlecht zu sprechen sind. Denn jenseits aller Worte und Ideologien: Wer Selbsthilfe praktiziert, hat lieber den ›Spatz in der Hand‹ – ein teilweise anderes Hier und Heute – und der Taube auf dem Dach einer ganz anderen Zukunft Lebewohl gesagt. Selbsthilfegruppen als politische Gruppen zu definieren, ist wahlweise trivial oder Unfug. Auf die spezifischen Bedürfnisse und Interessen der Selbsthilfe kommt es an. Diese aber sind einigermaßen begrenzte persönliche Bedürfnisse, die darum kreisen, die eigene Lebensweise und unmittelbare Lebenssituation zu verbessern, und es sind – wie sich im weiteren noch erweisen wird – neuberufliche Standesinteressen.

Aber noch trägt die neuere Selbsthilfebewegung alle Muttermale ihrer rebellischen Herkunft mit sich. Dem *Selbstverständnis* der Gruppen entspricht,

- selbstinitiiert und selbstorganisiert (»autonom«) zu sein;
- in gleicher Art und Weise von etwas Bestimmtem betroffen zu sein und diesbezüglich bei sich selbst wie auch häufig der näheren und weiteren Mitwelt etwas ändern zu wollen;
- dies ohne professionelle Kräfte oder bei nur geringer Mitwirkung von ihnen zu tun;
- innerhalb der Gruppe gleichberechtigt zu sein (Solidargemeinschaft im kleinen, Selbstverwaltung, Basisdemokratie)[15].

Diese Kriterien werden so oder so ähnlich auch in der wissenschaftlichen Literatur kolportiert[16]. Dabei unterläuft gern der Fehler, diese Kriterien nicht als Selbstverständnis-Ideal, sondern als Realdefinition der Gruppen hinzustellen[17]. So läßt sich die wissenschaftliche Theorie von der »Selbsttheorie« der Gruppen voreinnehmen, und beide beginnen, an gewissen Selbsthilfemythen und einem alternativen Bewegungslatein zu stricken. Daraus folgt eine verhängnisvolle Tendenz, die eigenen Ideale mit der Wirklichkeit zu verwechseln, und andere Wirklichkeiten als die eigene insoweit nicht sehen zu wollen. Unweigerlich setzt sich ein verwirrendes Projektionskarussell in Bewegung.

Dazu trägt bei, daß die Kriterien für die Förderung von Selbsthilfegruppen, die der Berliner Senat im August 1982 beschloß, diese Selbstverständnis-Ideale teilweise aufnehmen und sie den Normvorgaben aus Verwaltung und Politik beimengen. Da kommt etwa auch die »demokratische Selbstverwaltung« vor, obwohl sie in der Förderpraxis keine ersichtliche Rolle spielt[18]. Im Zweifelsfall wäre das auch kaum zu überprüfen. Überhaupt scheinen solche Kriterien mehr der Legitimation als der Selektion zu dienen. Würde man die Selbstverständnis-Kriterien der Gruppen wie auch die staatlichen Förderkriterien buchstabengetreu anlegen, würde praktisch so gut wie keine Gruppe übrigbleiben, die diesen Kriterien genügt[19].

Verbreitung der Selbsthilfegruppen

Zahlen zur Verbreitung im allgemeinen

Welche Projekte man zur Selbsthilfe zählen soll, hängt davon ab, wie man ›Selbsthilfe‹ definiert. Entsprechend unterschiedlich fallen Zahlenangaben zur Verbreitung der Gruppen aus. Dabei werden Zahlen über die Verbreitung von Selbsthilfe, Alternativprojekten, Bürgerinitiativen, Freizeitengagement sowie Freiwilligen- oder Ehrenamtlichentätigkeit gerne miteinander vermengt[1].

Eine seit Gartner/Riessman und Yarmon kolportierte Zahl lautet, es habe in den USA Mitte der 70er Jahre eine halbe Million Selbsthilfegruppen mit mehr als fünf Millionen Mitgliedern gegeben[2]. Das würde etwa 3 Prozent der erwachsenen Bevölkerung entsprechen. Über die Bestätigung oder weitere Entwicklung dieser Zahl ist allerdings nichts bekannt.

Für die Bundesrepublik (einschließlich West-Berlin) wurden seit Anfang der 80er Jahre wiederholt Teilerhebungen und Hochschätzungen durchgeführt. Sie gingen zunächst mehr vom Konzept der »neuen sozialen Bewegungen« aus. Selbsthilfegruppen stehen in diesem Konzept neben gewerblichen Alternativprojekten, »neuen Selbständigen« u.a. Die diversen Zahlen unterscheiden sich entsprechend dieser Sichtweise. Wenn man das berücksichtigt, bestätigen sie einander. Demnach ist die Zahl der Gruppen von um 10000 im Jahr 1980 auf etwa 35000–40000 heute angestiegen[3].

Eine interessante Kennzahl in diesem Zusammenhang ist die Projektdichte, das heißt die Zahl der Gruppen pro 10000 Einwohner. Diese variiert von 0,8 bis 2,5 und mehr, je nach Region[4]. Bei solchen Unterschieden können die Zahlen aus Hochschätzungen nur Orientierungsgrößen sein. Sie sind als solche zwar verläßlich, aber nicht auf die Goldwaage zu legen.

Bei einer genaueren Abgrenzung im Sinne von »neue soziale Netze/neue soziale Dienste« fallen die Größenordnungen entsprechend kleiner aus: von etwa 5000 bis 10000 Gruppen Anfang der 80er Jahre auf gegenwärtig 17500 bis 20000 Gruppen[5].

Verbreitung von Selbsthilfegruppen in West-Berlin

Hinsichtlich der Zahl der Gruppen bildet West-Berlin doch einen Sonderfall. Bis heute entspricht dem Wiederaufbau der Stadt kein solcher Wiederaufbau ihrer Sozialstruktur. Die Bevölkerung ist vergleichsweise überaltert (20% statt sonst 15% über 65 Jahre). Bis Anfang der 80er Jahre zog es die Industrie eher aus Berlin weg als nach Berlin hin. Damit zog sie auch viele Menschen mittleren Alters und die technisch-industrielle Mittelschicht aus der Stadt ab. Dafür befindet sich bald ein Drittel der Erwerbstätigen in öffentlichen Diensten, und es gibt viele zugereiste Studenten, die Berlin als »soziokulturellen Durchlauferhitzer« erleben bzw. beleben. Fast die Hälfte der Berliner Haushalte sind Ein-Person-Haushalte. Und über 8% der Bevölkerung leben von Sozialhilfe, statt sonst nur 3–4%[6]. Die Stadt ist also nicht nur durch die Mauer zerrissen. Es gibt auch vielerlei soziokulturelle Zerrissenheiten. Sie treten einem ungeschützter und krasser als anderswo entgegen. Eine Fassade neubürgerlicher Wohlanständigkeit und Wohlgeordnetheit gibt es in Berlin nicht. Dafür ist aber auch der politische Handlungs- und staatliche Interventionsbedarf spürbar größer.

Weil in dieser Stadt also etwas getan werden muß, man aber auch die Freiräume hat, es tun oder lassen zu können, ist West-Berlin mehr denn je ein Magnet für unternehmungslustige Projektemacher, für Nonkonformisten und kreative Außenseiter. Leute, die sich in ihrer ursprünglichen Heimat weniger entfalten konnten, hoffen, in den Gestaltungslücken und Entfaltungsnischen Berlins etwas auf die Beine zu stellen. So wurde West-Berlin um 1977/78 zum Impulszentrum der deutschen Alternativbewegung. Entsprechend begannen Selbsthilfegruppen frühzeitig eine besondere Rolle im sozialen und öffentlichen Leben zu spielen[7]. Und ähnlich wie die Idee des »Netzwerk Selbsthilfe« sich von West-Berlin aus in die Bundesrepublik und teilweise auch ins europäische Ausland hinein verbreitete, begann von hier aus – durch eine reibungsvolle aber offenbar doch folgenreiche Auseinandersetzung zwischen »Szene« und Senat, »AK Staatsknete« und Sozialverwaltung – auch die staatliche Förderung von Selbsthilfegruppen in Form des »Berliner Modells«. Es wird inzwischen in gleicher oder abgewandelter Form zunehmend auch in anderen Kommunen und Ländern praktiziert[8].

Kück und Grottian ermittelten für 1983 eine Anzahl von 830 Projekten im West-Berliner »Selbsthilfe- und Alternativsektor«, davon 570 Projekte im Bereich sozialer Dienste[9/10]. Damit übereinstimmend hat die vorliegende Studie eine Zahl von ca. 600 Selbsthilfe-Projekten in West-Berlin ergeben[11]. Dies entspricht einer Projektdichte von 3,2 gegenüber der andernorts vorhandenen Dichte von 0,8 bis 2,5 (Selbsthilfeprojekten je 10000 Einw.). In West-Berlin gibt es also tatsächlich überdurchschnittlich viele Selbsthilfeprojekte[12].

Ein Drittel dieser Projekte (34 %) sind Altengruppen. Ein Viertel (24 %) entfallen auf Familie / Kinder / Jugend / Jugendarbeitslosigkeit / Gemeinwesenarbeit. Ein Fünftel (17 %) sind auf dem Gebiet Gesundheit / Sucht / Psychiatrie tätig. Ein Achtel (11 %) sind Ausländerprojekte. Hinzu kommen noch 7 % Frauenprojekte, 5 % Behindertenprojekte und 2 % andere, die unklar abgrenzbar sind.

D. Grunow hat festgestellt, daß Selbsthilfeprojekte »eher im Kontext von Großstädten oder bestimmten Ballungsgebieten entstehen«. 50 % aller Selbsthilfegruppen befinden sich in Großstädten, 30 % in Mittelstädten, und jeweils 11 % in Kleinstädten und kleinen Gemeinden[13]. Dies entspricht der Bevölkerungs- und Siedlungsstruktur. Selbsthilfegruppen sind somit in Stadt und Land grundsätzlich gleich verbreitet. Jedoch besteht bei der räumlichen Streuung der Selbsthilfeprojekte, alternativ zum etablierten Süd-Nord-Gefälle, ein Nord-Süd-Gefälle. Zum Beispiel entspricht der Anteil der in Alternativprojekten im weitesten Sinn Beschäftigten in West-Berlin 1,25 % der Erwerbstätigen, im Raum Hannover oder Frankfurt 0,75 %, im Raum Nürnberg oder München 0,25 % [14].

Die Selbsthilfe-Projekte sind nun unterschiedlich umfangreich, je nachdem, ob sie auf der Basisebene, der normalen Bezugsebene oder der Verbandsebene anzusiedeln sind. Wenn man dies berücksichtigt ergibt sich, daß die 600 West-Berliner Selbsthilfeprojekte ca. 4300 Primärgruppen umfassen [15]. In diesen Gruppen – man kann das nicht genauer sagen, ohne unredlich zu werden – sind zwischen 12000 und 17000 Menschen eingebunden [16].

Quantitatives und qualitatives Gewicht der Selbsthilfegruppen

Die genannten Ergebnisse widersprechen jener Auffassung, wonach »die Verbreitung von Selbsthilfegruppen fast immer unterschätzt wird« [17]. Die obengenannten Mitgliederzahlen repräsentieren tatsächlich nur 0,8 bis 1,1 Prozent der Bevölkerung ab 18 Jahren. Diese Größenordnung ist auch andernorts mehrfach bestätigt worden [18]. Dabei wurde immerhin auch festgestellt, daß ein sehr viel größeres Potential von etwa einem Drittel der erwachsenen Bevölkerung es nicht ausschließen würde, sich vielleicht einmal an einer Selbsthilfeaktivität zu beteiligen [19]. Dem stehen wiederum 60 Prozent gegenüber, die das für sich ausdrücklich ablehnen [20]. Man weiß allerdings, daß solche Meinungsäußerungen praktisch nicht viel bedeuten, und dies wohl nicht nur beim Jasagen, sondern auch beim Neinsagen.

Wieviele Personen einer bestimmten »Problempopulation« oder »Betroffenenpopulation« gehen nun den Weg in die Selbsthilfegruppe? Beispielsweise wieviel Prozent aller Asthmatiker gehen in eine Asthmatiker-Selbsthilfegruppe? Es sind dies ebenfalls jeweils nur 1 % bis ausnahmsweise maximal 8 % [21]. Im einzelnen wurden z. B. bei Alkoholikern Raten von 2 % ermittelt, bei Behinderten 3 %, bei krebskranken Frauen 1–4 %, bei Anfallkranken knapp 1 %, dagegen bei alleinerziehenden Eltern ausnahmsweise 7–8 %, aber bei Alten nur 0,3 %

und bei den Frauen – der »Hälfte des Himmels« immerhin – nur 0,002 %[22].

Zumindest ihrer Zahl nach haben die Selbsthilfegruppen also nicht viel in die Waagschale zu werfen – aber es sei hier noch offen gelassen, ob grundsätzlich nicht oder vorerst noch nicht. Zumindest kann man es nachvollziehen, wenn R. Rosenbrock findet, daß in der Wissenschaft, den Medien und der Politik »eher euphemistische Bilder der Bewegung gezeichnet werden«, und daß »die Dynamik ihrer Entwicklung und ihres Wachstums systematisch überschätzt« wird[23]. Wer sich als Wissenschaftler, Journalist oder Politiker mit einer bestimmten Sache beschäftigt, hat eben ein allzu menschliches Interesse daran, diese Sache möge sich als eine große Sache erweisen, mit der man groß herauskommen kann.

Gleichwohl – die Selbsthilfegruppen haben ihren Stellenwert in Wissenschaft, Medien und Politik völlig zu Recht. Denn die *qualitative Gewichtigkeit* der neueren Selbsthilfegruppen übersteigt ihr vorläufiges *quantitatives Gewicht* bei weitem. Den Gruppen und den mit ihnen hervorkommenden »neuen Helfern« fällt heute eine sozialinnovatorische Schlüsselrolle zu. Sie tragen maßgeblich dazu bei, *soziale Netze* zu stärken, zu ersetzen und fortzuentwickeln, und bei den *sozialen Diensten* neue Felder und Leitbilder des professionellen Handelns hervorzubringen[24]. Dies geschieht vor dem Hintergrund einer langfristigen und fundamentalen Verschiebung der sozialpolitischen Großwetterlage: von der Einkommenspolitik zur Dienstleistungspolitik. Die Frontlinie der sozialstaatlichen Entwicklung verläuft heute nicht mehr bei den längst etablierten Systemen der *sozialen Sicherung*, sondern bei den *sozialen Diensten*. Vor diesem Hintergrund der *Sozialpolitik als Dienstleistungspolitik* wird man die Vorgänge auf dem Gebiet der Selbsthilfebewegung, trotz ihrer scheinbaren quantitativen Unscheinbarkeit, zu Recht sehr aufmerksam verfolgen und von vornherein mitgestalten. Auch die Bundesversicherungsanstalt für Angestellte, die mit ihren weitläufigen Gebäudekomplexen in Berlin heute einen ganzen Quartiersbezirk ausfüllt, hat einmal mit dem Kleingeld der Bruderbüchsen begonnen.

Selbsthilfegruppen als gesellschaftliches und politisches Phänomen

Es ist natürlich naheliegend, nach den Ursachen des Phänomens der Alternativbewegung und der neueren Selbsthilfegruppen zu fragen, obgleich Umfragen uns dazu keine Antwort liefern. In der diesbezüglichen Literatur gibt es inzwischen einen regelrechten Kanon von Gründen – »Lücken im offiziellen Versorgungssystem«, »Mängel der professionellen Dienste«, »Krise des Sozialstaats«, »Krise der Arbeitsgesellschaft«, »Wertwandel«. Man sollte dabei klarstellen, daß es sich hier nicht nur um eine Erklärung von Ursachen handelt, sondern zugleich um eine Deklaration von Zielen. Bestimmte Begründungen für das Phänomen der Selbsthilfe und bestimmte Selbsthilfe-Begriffe (wenn man so will auch: Selbsthilfephilosophien oder -ideologien) gehen Hand in Hand. Man sollte sich über diese Vorausurteile Rechenschaft ablegen, um sich nicht in Vorurteile zu verstricken.

Die folgenden Erklärungsansätze und paradigmatischen Perspektiven schließen einander nicht aus. Sie können einander überlappen, auch wenn sie den Schwerpunkt jeweils anders setzen.

Selbsthilfe und soziale Netze im Ideenfeld des Liberalismus, Konservatismus und Sozialismus

Diese erste Perspektive ist wohl die grundlegendste, weil sie analytisch bei der sehr langfristigen »Großen Transformation« (K. Polanyi) ansetzt. Durch diese »Große Transformation« geht die alte Gesellschaft, wie sie bis ins 18./19. Jahrhundert noch existierte, über in die wissenschaftlich-technische Zivilisation der Gegenwart und Zukunft. *Traditionale Gemeinschaft* wird dabei zu *moderner Gesellschaft*. Die traditionalen »Netze« der

Hausgemeinschaft, Verwandtschaft, Familie und Gemeinde lösen sich im Zuge der Industrialisierung und Verstädterung langsam aber sicher auf, oder verändern sich in ihrer Substanz, indem sie von den modernen Vergesellschaftungsformen überlagert werden. Vielfach wird unterstellt, dieser Transformationsprozeß habe sich in den letzten Jahrzehnten dramatisch beschleunigt.

Im Ergebnis verschwindet die Subsistenz der traditionalen Gemeinschaften: Aus eigener Kraft allein sind sie nicht mehr voll überlebensfähig. Eine gesellschaftlich geordnete Subsidiarität und Solidarität muß ergänzend und ersetzend hinzutreten. So entstand in den letzten Jahrzehnten und Jahrhunderten das gesellschaftlich organisierte »soziale Netz«, wie wir es in Form von Sozialhilfe, Unfall- und Krankenversicherung, Altersversorgung, Arbeitslosenunterstützung, Ausbildungs- und Familienförderung, überhaupt Arbeits- und Sozialgesetzgebung heute kennen.

Alle diese Einrichtungen sind nicht von alleine entstanden. Am Anfang stand immer irgendeine Art von »Selbsthilfe«, das heißt, wie man heute sagen würde, die Initiative der Betroffenen – zum Beispiel, indem sie Sterbe-, Kranken- und Streikkassen anlegten, Gewerkschaften und Genossenschaften bildeten, Erziehungs- und Sportvereine gründeten, Mildtätigkeiten und ehrenamtliche Armenbetreuung organisierten usw. Aus diesen zunächst sehr buntscheckigen und lokalen »Selbsthilfe«-Initiativen wurden im Laufe der Zeit feste und meist auch größere Institutionen, professionell geführt, landesweit vereinheitlicht, rechtlich geregelt, bürokratisch auf Dauer gestellt, oft verstaatlicht oder doch mit einem parastaatlichen Status. Auch die heutige Selbsthilfebewegung geht diesen aus historischer Sicht gewöhnlichen Gang der Dinge.

Die Dinge liefen allerdings niemals glatt und reibungslos, vielmehr – gerade in den stürmischen Entwicklungen des 19. und der ersten Hälfte des 20. Jahrhunderts – in Form blutiger Klassenkämpfe und Bürgerkriege. Verglichen damit tragen die Auseinandersetzungen um die heutigen »neuen sozialen Fragen« geradezu friedfertige und abgeklärte Züge. Immerhin, für Raufereien mit den öffentlichen Ordnungskräften und für parlamentarische Hauskräche reicht es allemal auch heute noch. Denn heute wie damals hängen die handlungsleitenden Vorstellungen von »Selbsthilfe« davon ab, wie weit sie dem Einfluß *konservativer* oder *liberaler* oder *sozialistischer* Ideenfelder unterliegen.

Beginnen wir, in historischer Reihenfolge, mit dem Liberalismus. Unter Selbsthilfe versteht man im Liberalismus die individuelle Initiative freier Bürger. Sie schließen sich – jenseits staatlicher, kirchlicher oder sonstiger Obrigkeit – aus freien Stücken zusammen, um aus eigenen Kräften zu tun, was zu tun ist. »Hilf dir selbst, dann hilft dir Gott.« Dieser Begriff der *eigenständigen Selbsthilfe* ist vor allem in der »Neuen Welt« der Vereinigten Staaten beheimatet. Er hat im alten Europa, außer vielleicht im Bürgertum Mitte bis Ende des 19. Jahrhunderts, niemals richtig Fuß fassen können, nicht einmal in Kanada und Großbritannien. Spricht man zu Mitgliedern der deutschen Alternativ- und Selbsthilfebewegung im Sinne dieses liberalen Selbsthilfebegriffs, trifft man schlicht und einfach auf Unverständnis bis Unwillen. Deutschland ist eben nicht die Heimat der Freiheit, schon eher die der Gleichheit und Brüderlichkeit (wobei natürlich manches davon abhängt, wen man zur Familie zählt und wen nicht).

Auf dem Kontinent fand dagegen ein konservatives Selbsthilfeverständnis seit je große Resonanz. Aus diesem Verständnis heraus wird die Auflösung der lokalen Gemeinschaften im Zuge der Industrialisierung und Verstädterung vor allem als bedrohlicher Sozialverfall wahrgenommen. Die Reste der verfallenden Gemeinschaften, insbesondere die Familie, gilt es gegenüber der kolonialistischen Ausdehnung der modernen Markt- und Staatsmaschinerie zu schützen. Zwar hat die jüngste Ökologie- und Alternativbewegung starke Hoffnungen auf *neue Gemeinschaftsformen* gesetzt (Wohngemeinschaften, »kleine Netze«). Sie ist dabei aber durchweg von diesem modernisierungs- und wachstumskritischen Ansatz ausgegangen. Ideengeschichtlich ist dies ein konservativer Ansatz. Er äußert sich im besonderen als wiederkehrende romantische Rebellion gegen die Schmerzen der Weltmodernisierung.

Dieser konservativ-romantischen Perspektive entspricht ein Begriff der *subsidiären Selbsthilfe*. Vorrangig gesucht sind dabei

Lösungen »jenseits von Markt und Staat«[1]. Mit »Privatisierung«, die ja auf Marktlösungen zielt, hat das, entgegen einem verbreiteten Mißverständnis, gerade nichts zu tun. Gestärkt werden sollen vorrangig nicht professionelle Anbieter von privaten Dienstleistungen, sondern die Gemeinschaften, neudeutsch: die primären sozialen Netze an der Basis. Man will nicht nur ihre Eigenleistungskraft anstacheln (was ja für sich alleine liberalistisch wäre). Vielmehr fügt man sich hier von vornherein in einen Gott und die Welt umfassenden Ordnungsrahmen, in dem Staat, Kirche, Verbände oder wer immer den Gemeinschaften subsidiär helfend den Rücken stärken bzw. über die Schultern schauen[2]. Subsiduum ist ein Begriff der römischen Militärsprache und bedeutet Entsatzheer, also jene Truppen, die man in die Schlacht schickte, um in die Bredouille geratene Freundestruppen herauszuschlagen. Übrigens wurde das Subsidiaritätsprinzip nicht von Jesuiten zu Beginn dieses Jahrhunderts erfunden. Als wissenschaftlich-rationales Gestaltungsprinzip der modernen Gesellschaft geht es auf protestantische Frühpädagogen zu Beginn des 16. Jahrhunderts zurück.

Im Sozialismus schließlich stellte man sich schon immer vor, »Gemeinschaft« im alten Sinn sei abzuschaffen und vollständig durch »gesellschaftliche Solidarität« zu ersetzen. Im Extrem äußert sich dies in Parolen wie »Tod der Familie«, »Es lebe die Volkskommune« oder sonst etwas fortschrittsgläubig Weltveränderndem. Geregelt werden soll die Transformation von der »Gemeinschaft« zur »Gesellschaft« meist im Sinne einer demokratisch ausgehandelten und staatlich verwalteten Zuerkennung von Rechten und Zuteilung von Pflichten.

Wenn die Obrigkeit allerdings nicht tut, was sie nach Meinung mancher ihrer Untertanen tun sollte, kann jener Selbsthilfebegriff wieder aktuell werden, den I. Illich im deutschen Wörterbuch des Jacob Grimm ausgegraben hat: Selbsthilfe als »die eigenmächtige Durchsetzung eines Rechtsanspruchs, wenn die gesetzliche Hilfe nicht rechtzeitig zu erlangen ist, und zwar ›mit Umgehung oder in Widerspruch zu der Obrigkeit‹«[3]. Selbsthilfe in diesem Sinn kann jedoch leicht auch zu einem Brückenschlag von Links- nach Rechtsaußen geraten und zwar im Sinne eigenmächtigen Abhilfeschaffens, bis hin zur Selbstjustiz. Zu einer neuen Feme ist die heutige »Szene« trotz mancher Garstigkeiten nie geworden. Dafür konnte man von Zeit zu Zeit eine mehr oder weniger offene Tendenz beobachten, die eigene Rechtsauffassung, soweit sie mit anderen kollidiert, als die eigentlich legitime auszugeben. Dem staatlichen Gewaltmonopol wurde die eigene »Gegengewalt« gegenübergestellt. Die Jugendrevolte und Hausbesetzerszene von 1980–1982 bietet hierfür ein anschauliches Beispiel.

Wie dem auch sei, auch dem Sozialismus ist das Allzumenschliche nicht fremd, und so fällt auf, daß bei Debatten um die *solidarische Selbsthilfe* die Forderungen der betreffenden Bürger nach ihren Rechten in der Regel klar und deutlich formuliert werden, während die Anerkennung der dazugehörigen Pflichten nur ausnahmsweise zum Gegenstand angeregter Gespräche wird.

Der eigenständigen wie auch der subsidiären und solidarischen Selbsthilfe ist gemeinsam, daß sie in erster Linie »auf die eigene Kraft bauen«. In diesem Sinne entsprechen sie dem neueren Konzept der »self-reliance« – wobei die »eigene Kraft« im liberalen Fall bei sich selbst und aus sich selbst heraus gesucht wird, im konservativen Fall dagegen durch Loyalität zu einer eher ständisch gegliederten Gemeinschaft und im sozialistischen Fall schließlich durch das kampfkräftige Zusammenhalten in kollektiv einigender Solidarität[4].

Selbsthilfe und Eigenarbeit

Der Begriff der »Selbsthilfe als Eigenarbeit« ergibt sich, wenn man das bisher *allgemein* Erläuterte nun im *besonderen* unter *ökonomischen* Gesichtspunkten begreift. Wirtschaftlich gesehen entspricht der Transformation der alten Gemeinschaften in die neue Gesellschaft eine Transformation der alten Selbstversorgungswirtschaft in die arbeitsteilige Fremdversorgung. Diese wird nicht mehr durch zwischenmenschliche Autorität und Liebe geregelt, sondern durch den Staat (das Recht) und den Markt (das Geld). Dem unbezahlten Arbeiten für sich und die Seinen steht nun die berufliche Erwerbstätigkeit gegenüber, und es besteht dergestalt eine *duale Wirtschaftsstruktur*.

Die Auffassungen darüber, ob der Bereich der unbezahlten Tätigkeit schrumpft oder sich ausdehnt, sind recht unterschiedlich. Geht man davon aus, daß der Bereich der Eigenarbeit durch eine »Kolonisierung der Lebenswelt« schrumpft, wird man ihn – eben durch mehr Eigenarbeit – wieder stärken und ausdehnen wollen. Von daher rühren viele der alternativen Ideen des »anders leben, anders arbeiten, anders wirtschaften«, bei denen es ja auf gemeinschaftliches Zusammensein und Selbermachen statt anonymes Zusammenkaufen ankommen sollte.

Geht man dagegen davon aus, daß der Bereich der »Freizeit« sich ausdehnt, ergeben sich alleine schon daraus neue »Freiräume« zum Selbermachen im Sinne des konsumaufwendigen Do-it-Yourself[5]. Hier kommt zugleich der sogenannnte Wertwandel ins Spiel. Diesem Wertwandel zufolge soll Wohlstand zu Lebensqualität, und Wachstum zu qualitativem Wachstum werden. Der alternative wie etablierte Mensch will infolge dieses Wertwandels nicht unbedingt *mehr* haben, es aber unbedingt *besser* haben. Das Anspruchsniveau steigt nicht mehr nur quantitativ, sondern vor allem qualitativ.

Selbsthilfe und soziale Dienste

Es ist schwierig zu sagen, ab wann das »einander einen Dienst erweisen« zur »gegenseitigen Dienstleistung« wird, und ab wann man einander nicht mehr nur »von Mensch zu Mensch«, sondern auch in einem (para-)professionellen Habitus gegenübertritt. Offensichtlich ist nur, daß gerade in der neueren Selbsthilfebewegung derlei von vornherein stattgefunden hat. Zum Beispiel war die Gründung des Berliner Netzwerks Selbsthilfe 1978 unter anderem inspiriert von den Ideen der Selbsthilfe in neuen sozialen Netzen und der Selbsthilfe als Eigenarbeit. In der Praxis aber hat dies von Anfang an kaum eine Rolle gespielt. Es ging immer nur um Geld und Jobs. Die Leute erklärten, »etwas mit anderen zusammen machen« zu wollen. Aber die Realsemantik dieser Sprachregelung bedeutete meist, ein soziokulturelles Dienstleistungsangebot für andere zu organisieren.

In der verbreiteten Literatur wird die gegenwärtig katastrophale Arbeitsmarktlage der sozial- und kulturberuflichen Fach- und Hochschulabgänger bemerkenswert selten als Selbsthilfe-Ursache erwähnt[6]. Dabei gehört gerade die arbeitslose oder von Arbeitslosigkeit bedrohte »Intelligentsia« heute wie früher zum treibenden Kern der Selbsthilfebewegungen. Tatsächlich ist ja seit Mitte bis Ende der 70er Jahre ein regelrechtes Arbeitslosenheer von ausgebildeten Erziehern, Sozialarbeitern, Sozialpädagogen, Lehrern, Psychologen, Soziologen usw. herangewachsen. Diese Gruppe betreibt, oft mit den Worten einer Theorie der »schöpferischen Arbeitslosigkeit«, verständlicherweise und ganz zielstrebig eine Praxis der »Schöpfung von Arbeitsplätzen«. Trivial zu sagen, daß es dabei um bezahlte Dienstleistungsangebote geht und nicht darum, unbezahlt etwas füreinander zu tun.

Die sozialberuflichen Neuankömmlinge wie auch ihre alteingesessenen Kolleginnen und Kollegen sehen die wichtigste und notwendige Ursache für ihr Tun in den schon erwähnten »Versorgungslücken« und »Mängeln« der etablierten Gesundheits-, Sozial- und Kulturdienste. Bürokratisierung, Anonymisierung, Zerstückelung von Leistungen und Häufungen von professionellen Fehlleistungen haben nach und nach dazu geführt, daß das ursprüngliche Vertrauen vieler Menschen in die Experten aus Politik, Verwaltung und Sozialberufen gelitten hat.

Auch wenn vieles dafür spricht, daß diese Diagnose richtig ist, die daraus meist abgeleitete Therapie, weitere, andere und bessere Dienste bereitstellen zu wollen, ist deshalb durchaus nicht immer zwingend. So kritikwürdig etwa der heutige Medizinbetrieb ist, so ist doch nicht einzusehen, warum man den Ärzten einen Mangel an psychosozialer Betreuung ihrer Patienten anlastet. Wer sagt denn, daß die Ärzte für unser Seelenwohl überhaupt zuständig sein sollen?[7] In vielen dieser diagnostizierten »Lücken« und »Mängel« scheint zunächst einmal nichts anderes zu stecken, als die noch diffus-kritisch verbrämten Standesinteressen neu auf den Markt drängender Sozial- und Kulturberufe, die damit versuchen, existenzbegründenden und legitimierenden Bedarf nachzuweisen.

Demgegenüber muß man den Bedarf an persongebundener

und gemeinschaftsnaher Eigenleistung immer wieder ins Bewußtsein rufen – zwar nicht als ausschließende Alternative, aber doch als ergänzendes Gegengewicht zu der sonst drohenden staatlichen Volkskommune oder der totalen Kommerzialisierung des Lebens. Die Alternative »Markt oder Staat« (Privatisierung oder Kollektivierung) ist unvollständig. Wer sich ausschließlich auf diesen mangelhaften Rahmen bezieht, tut dies mit Sicherheit auf Kosten derer, um deren Wohl es angeblich geht: der betroffenen Bürger und Bürgerinnen. Diese aber und niemand sonst, wir alle, stehen ursprünglich und grundsätzlich in erster Instanz *vor* Markt und Staat und in letzter Instanz *nach* ihnen. Tatsächlich wird der allgemeinen Wohlfahrt am besten gedient sein, wenn Markt, Staat und »Betroffene« – sei es als Individuen oder in Gemeinschaft – einander nicht nur bestmöglich *ergänzen*, sondern auch bestmöglich einander *begrenzen*.

Im Rahmen eines solchen ordnungspolitischen Ansatzes können auch neue professionelle Dienste durchaus ihren Platz haben. Dabei wird allerdings zu berücksichtigen sein, daß es in vielen Fällen nicht nur darum geht, *ob* zusätzliche Dienstleistungen nötig sind, sondern zugleich, *auf welche Art und Weise* sie erbracht werden: ob in Form eines isolierten Experten-Klienten-Verhältnisses oder in und durch Selbsthilfegruppen; ob auf autoritäre oder kooperative Weise. Wie sich die ehemaligen Proletarier immer mehr zu mitbestimmenden Mitarbeitern entwickeln, so werden heute – im Zuge der qualitativen Höherentwicklung und des Wertwandels – auch Patienten und Klienten aus anspruchslos behandelten Objekten zu anspruchsvoll mithandelnden Subjekten. Den Weg vom autoritären zum kooperativen Verwaltungs- und Interventionsmodell zu gehen und dabei Eigen- und Fremdleistungen optimal miteinander zu verbinden, das ist der eigentliche Auftrag der heutigen sozialen Selbsthilfebewegung. Anstöße dazu mögen auch aus der gegenwärtigen Krise kommen; die neuen Handlungsweisen aber werden mit dem Ende der Krise nicht vergehen, sondern als soziale Innovationen von Dauer bleiben.

Selbsthilfe als Element einer subsidiären und solidarischen Sozialpolitik

Die neuen Diensteleister beginnen ihre Karrieren unter den gegebenen Arbeitsmarktbedingungen häufig in vorläufig vagen Arbeitsverhältnissen und bei schlechter Bezahlung. Dies mag der These Vorschub geleistet haben, in der Krise von Arbeitsmarkt und Sozialstaat sei Selbsthilfe nur ein naiv-wohlmeinender oder zynisch-übelmeinender Vorwand, Sozialleistungen zu streichen und öffentliche Mittel zu sparen. Die betrübliche Praxis solcher Sparprogramme an der falschen Stelle seit der Verschlimmerung der Wirtschaftskrise Ende der 70er Jahre sei hier weder bestritten noch beschönigt. Aber ihre Verbindung zur Selbsthilfe ist Unfug. Wenn Selbsthilfe »Kosten spart«, dann im Hinblick auf vergleichbare andere soziale Dienste, worauf später noch eingegangen wird.

Die heutige »Krise des Sozialstaats« aber ist in erster Linie eine *Finanzierungskrise* der auf *Einkommens(um)verteilung* beruhenden Systeme der *sozialen Sicherheit*, insbesondere der Renten-, Kranken- und Arbeitslosenversicherung. Die Aktivitäten der neuen Selbsthilfegruppen stellen keinerlei Ersatz dieser sozialen *Sicherheit* dar, sondern setzen deren Tragfähigkeit voraus, um auf dieser Grundlage die neuen sozialen *Dienste* entfalten zu können. Der heutzutage gerne propagierte Umbau des Sozialstaats findet weitgehend überhaupt noch nicht statt, wohl aber die Ergänzung des Netzes der sozialen Sicherheit um ein erheblich sich erweiterndes Netz sozialer Dienste. Bei eben dieser Erweiterung des Netzes sozialer Dienste spielt die heutige Selbsthilfebewegung ihre Schlüsselrolle[8]. Die vermeintliche Koalition zwischen alternativen Sozialromantikern und staatlichen Sparkommissaren ist ein bloßes Phantom. Außerdem, wie W. Dettling einmal formulierte, »ist nicht jeder, der sich über die Finanzierbarkeit des Sozialstaats Gedanken macht, ein Sparkommissar, und nicht jeder, der meint, daß es so nicht weitergehen kann, ein Sozialromantiker«[9].

Vergewissern wir uns zunächst einmal ganz alltagspraktisch, daß »subsidiär« das bedeutet, was bestimmte Kreise in der CDU seit Mitte der 70er Jahre unter dem Stichwort »neue soziale

Frage« zusammenfassen. »Solidarisch« heißt demgegenüber, was die Gewerkschaft dazu sagt. Die SPD dagegen scheint bis heute nicht so recht zu wissen, was sie dazu sagen soll, trotz früh reagierender programmatischer Denker wie Erhard Eppler oder Johano Strasser, und trotz eines ganz ordentlichen Grundsatzpapieres »Sozialstaat und Selbsthilfe«, das zu verfassen die Berliner SPD angesichts der realen CDU-Selbsthilfepolitik wohl nicht umhin konnte[10].

Die »neue soziale Frage« ist ein Arbeitsergebnis der CDU-Grundsatzprogrammkommission während der Oppositionszeit. Geleitet wurde diese Arbeit von Richard von Weizsäcker und programmatisch stark geprägt von Kurt Biedenkopf, Heiner Geißler, sowie auch Warnfried Dettling und dem heutigen Berliner Sozialsenator Ulf Fink[11]. Die analytische Grundfeststellung ist folgende: »Zu den Mächtigen unserer Gesellschaft gehören heute nicht mehr allein die Kapitaleigner. Mächtig sind Kapitaleigner und Arbeitnehmer zusammen. Beide Gruppen sind heute in starken Verbänden organisiert. ...Es sind die Nichtorganisierten, kinderreiche Familien, alleinstehende Mütter mit Kindern, alte Menschen, die nicht mehr Arbeitsfähigen, Behinderte, zu deren Lasten Vorteile errungen werden können. Sie sind den organisierten Verbänden in aller Regel unterlegen. ...Hier stellt sich die neue soziale Frage«[12].

Diese Feststellung war schon in den 60er Jahren in ganz ähnlicher Weise vom Philosophen der antiautoritären Revolte, Herbert Marcuse, getroffen worden. Ihm folgte Anfang der 70er Jahre C. Offes »Disparitätenthese«. Diese besagt etwas Gleiches, wobei jedoch durch die Wortwahl besonders betont wird, daß die eingespielten Paritäten dieser Gesellschaft jene Minderheiten und Randgruppen *nicht* repräsentieren. In den 80ern waren es dann Grüne und Alternative, die den Gedanken fortführten, z. B. M. Jänicke: »Kern des Problems ist die einseitige Organisationsmacht der Erwerbsinteressen im Verhältnis zu den Nichterwerbsinteressen. Umwelt-, Gesundheits-, Mieter-, Jugend-, Alteninteressen, Konsumenteninteressen, die Interessen von Arbeitslosen, das Interesse an Nachtruhe oder an Abrüstung liegen außerhalb des Erwerbssektors. ...Die Alternativbewegung ist nicht zuletzt die Gegenbewegung dieser organisatorisch Unterprivilegierten. Sie ist die Selbsthilfeorganisation der im Machtgefüge vernachlässigten Schutzinteressen der Industriegesellschaft«[13].

In dieser Perspektive verschieben sich die Dreh- und Angelpunkte der Sozialpolitik, und zwar:

* von der sozialen Sicherung, die unmittelbar an die Erwerbstätigkeit gebunden ist, zu einer Einkommens(um)verteilung, die auch das Nichterwerbstätigsein besser berücksichtigt;
* von den reinen Einkommensleistungen zu einer stärkeren Bedeutung der sozialen Dienste, insbesondere jener für die »disparitär« Nichtorganisierten und Benachteiligten;
* von der Politik, die über Zentralisierung und Großorganisationen läuft, zu einer stärkeren Betonung der »kleinen Einheiten« an der gesellschaftlichen »Basis«. Diese sollen programmatisch Vorrang haben: die Familie, die Gemeinde, der Verein, die Bürgerinitiative, die lokalen Zusammenhänge usw.

Solidarität wird in diesem Ansatz nicht abgeschafft, sondern anders hergestellt: eben, wo immer möglich, subsidiär statt nur bürokratisch-zentralistisch; *auch* durch bezahlte und unbezahlte Dienste, statt *nur* durch Geldzuwendungen und bezahlte Dienste. Bezüglich seiner eigenen Politik hat Fink dieses Konzept auf folgende Kurzformel gebracht: Solidarität ist das Ziel, Subsidiarität der Weg[14].

Das, sicherlich, ist der »policy talk«. Was davon in der politischen Praxis unter gegebenen Bedingungen wie weit umgesetzt werden kann, steht noch einmal auf einem anderen Blatt. Gleichwohl ist offensichtlich, daß die neuen sozialen Bewegungen für eine Wiederbelebung konservativer Ideen in diesem Sinne stehen. Zwar haben sie sich selbst lange Zeit dort nicht sehen wollen, aber tatsächlich ist die Verwandtschaft zwischen Alternativen und Konservativen nicht nur eine entfernte. Ihren Ideen zufolge sind die Alternativen neokonservativ.

Verwirrend wirkte dabei unter anderem, daß die Volkspartei CDU in ihrem ideologischen Spektrum heute mindestens so viele Liberale und fast so viele Soziale wie Konservative beheimatet. Das gilt sinngemäß genauso für die SPD, in der es ja außer Sozialisten auch einige Liberale und viele Konservative gibt. Als

Volksparteien tun sie sich oft nicht leicht, ihr Eigenprofil deutlich zu machen – und was die einen heute Neues vorbringen, wird von den anderen gerne abgelehnt, um es morgen in anderer Verpackung selbst auf den politischen Markt zu bringen. Im vorliegenden Fall verhält es sich nun einmal so, daß die »neue soziale Frage« aus der CDU heraus formuliert wurde, während die SPD dem bis heute nichts Vergleichbares entgegenzustellen vermochte. Seit Anfang der 80er Jahre gibt es lediglich einen rhetorischen Rekurs auf die Genossenschaftsbewegung. Allerdings geht gerade dieser Rekurs an allem Wesentlichen der neuen Selbsthilfebewegung haarscharf vorbei, einmal davon abgesehen, daß die Genossenschaften zu ihrer Zeit bei den Parteigenossen nicht gerade wohlgelitten waren. Auch die heutige Selbsthilfebewegung ist bei den Genossen mehrheitlich nicht sonderlich beliebt – so wenig wie bei den Christdemokraten. In der CDU ist Selbsthilfeförderung keinesfalls Mehrheitsmeinung, und schon gar nicht Konsens. Wenn auch fast alle nach Innovationen rufen, in der Praxis haben es die Innovateure bei fast allen so schwer wie Ungerufene. Man weiß schließlich, was man hat, aber nicht, was die Neuen da Neues machen.

Tertiäres Milieu und Pädithen-Syndrom

Der oben beschriebene Weg vom autoritären zum kooperativen Verwaltungs- und Interventionsmodell ist im Selbstverständnis der Gruppen vorgezeichnet. Es drückt sich darin eine Werteordnung aus, in der gleichberechtigte Teilnahme und Teilhabe (Partizipation und Demokratisierung) Vorrang genießen sollen gegenüber hierarchisch ausschließenden Privilegierungen. Für die eigene Person soll nach möglichst ganzheitlicher Selbstverwirklichung gesucht werden, im Unterschied zur autoritären Selbstunterdrückung und Repression. Die Persönlichkeit soll sich im Zuge ihrer Entfaltung von unbewußter Abhängigkeit zu selbstbewußter Autonomie aufschwingen. Die Wertwandel-Forschung der letzten fünfzehn Jahre hat diese Verschiebung von den industriell-materialistischen zu sogenannten postindustriell-postmaterialistischen Einstellungen ausführlich herausgearbeitet.

Damit hängt zusammen, daß das Engagement nicht mehr so sehr der industriellen Arbeitswelt, als vielmehr der Lebenswelt gilt. Es geht auch nicht mehr nur um den Beruf, sondern darüber hinaus viel mehr als früher um die Rolle als Klient, Kunde und Konsument. Und es geht nicht mehr nur um Sachen und politisch-ökonomische Verhältnisse, als mehr um Menschen und zwischenmenschliche Beziehungen. Dies sind die entscheidenden Unterschiede zwischen den »alten« sozialen Bewegungen der Bauern und Arbeiter und dieser »neuen« sozialen Bewegung. Ihr Fokus liegt nicht in der Sphäre der landwirtschaftlichen und industriellen Produktion, dem sogenannten primären und sekundären Sektor der Wirtschaft. Ihr Fokus liegt in der Sphäre der »Reproduktion«, dem *tertiären Sektor*, den *Dienstleistungen* für Personen und private Haushalte, dem Erziehungs- und Bildungswesen, dem Gesundheitswesen, den Medien, den Dienstleistungen in Freizeit, Sport und Reisen, Wohnen und Verkehr.

Die Aktivisten und Träger der neuen sozialen Bewegungen sind deshalb nicht mehr Bauern und Arbeiter oder sonstige Vertreter der »Produktionssphäre« wie etwa Naturwissenschaftler und Techniker, sondern z. B. Lehrer und Sozialarbeiter, Sozialpädagogen und Krankenschwestern, also Berufstätige im Bereich sozialer und kultureller Dienstleistungen im weitesten Sinne *sowie* jene Menschen, mit denen sie zu tun haben: Jugendliche, sei es als Schüler, Studenten oder unangepaßte Problemgruppen, Frauen und Hausfrauen, Alte, Kranke, Behinderte, Ausländer, Aus- und Eingeschlossene, Diskriminierte und Delinquente und sonstige Gruppen, die eher am Rande der Gesellschaft als in ihrer Mitte leben. Schon vor zwanzig Jahren fiel die ausgeprägte Pädagogisierung und Psychologisierung der antiautoritären Studenten auf, das heißt ihr Hang zu psychosozialen Berufungen jedweder Art.

Dementsprechend liegt der Selbsthilfebewegung der Status der professionellen Anbieter nicht zuerst am Herzen. Ihre Helden sind die »Betroffenen«, die – freiwillig oder unfreiwillig – mit den Professionellen zu tun haben. Die neuen Helfer beginnen meist selbst als Betroffene oder doch als sich betroffen Fühlende. Sie identifizieren sich hochgradig mit den Problemen und Anliegen »ihrer Leute«. Zu einer teilweisen Distanzierung, wenn überhaupt, kommt es erst auf einer fortgeschrittenen Stufe der Professionalisierung.

Die »neuen« sind deshalb besser als die »alten« Sozialberufe auf ihr Geschäft vorbereitet. Denn in der psychosozialen Dienstwirtschaft ist eine synergetische Verbindung zwischen Experten und Klienten die wichtigste Erfolgsbedingung. Im tertiären Sektor kann um so mehr bewegt werden, je mehr und je besser Professionelle und Betroffene Hand in Hand agieren. Denn es geht ja um personbezogene Dienste, und bei diesen gilt weitgehend das Uno-Actu-Prinzip, das heißt, daß zum Beispiel die Lehrerin nur handeln kann, wenn ihre gleichzeitig anwesenden Schüler mitspielen.[1]

Die empirischen Befunde bestätigen vollauf das hier geschilderte theoretische Erwartungs- und praktische Erfahrungsbild.

Zunächst sind Männer und Frauen insgesamt gleich repräsentiert[2].

Bedeutsam ist: Sie leben zu 52 % alleine, im Vergleich zu sonst nur 13 % Alleinlebenden in der Bevölkerung[3]. Nur 26 % haben Kinder im Haushalt.

Das Alter der Mitglieder von Selbsthilfegruppen hat einmal einen Schwerpunkt bei 30–40 Jahren, einen kleineren wieder um 70 Jahre[4]. Man kann daher sagen, Selbsthilfegruppen sind etwas für nicht mehr ganz so junge Erwachsene und für Altgewordene, während sie in der Jugend und in den mittleren Jahren von 45–60 nicht so interessant zu sein scheinen. Berufliches Eingespanntsein und familiäres Eingebundensein werden wohl der Hauptgrund dafür sein.

Dem entspricht, daß ein hoher Anteil der Mitglieder von Selbsthilfegruppen nicht erwerbstätig ist. 26 % sind Rentner und Frührentner, 9 % durch Behinderung oder Krankheit erwerbsunfähig und 23 %, also ein Viertel, arbeitslos. Weitere 7 % sind noch Studenten oder sonst in Ausbildung. 4 % sind ausschließlich Hausfrau bzw. -mann. 5 % sind prekär erwerbstätig, das heißt ohne feste Anstellung mit wechselnden und unregelmäßigen Gelegenheitsjobs wie Kellnern, Übersetzen, einmalige Buch- und Forschungsprojekte. Nur ein Viertel (26 %) ist regulär erwerbstätig. Drei Viertel der Mitglieder von Selbsthilfegruppen stehen also noch nicht, nicht mehr oder vorübergehend nicht im Erwerbsleben.

Diese Nicht-Erwerbstätigkeit bewegt sich indes auf einem hohen Bildungs- und Berufsniveau. 59 % haben Abitur, weitere 17 % mittlere Reife[5].

12 % der Selbsthelfer sind ohne Ausbildung bzw. Studium, weitere 12 % haben ein solches abgebrochen. Das ist wiederum ein bemerkenswert hoher Anteil. Die abgebrochenen Studien entsprechen dabei den absolvierten. Unter letzteren sind 17 % Psychologen, Pädagogen, Sozialarbeiter, bzw. sie sind im Begriff, es zu werden. 15 % haben oder verfolgen gerade ein anderes sozial- und kulturwissenschaftliches Studium. 8 % sind Lehrer oder in der Lehrerausbildung. 7 % haben eine sozialberufliche Ausbildung als Krankenschwester, Kindergärtnerin oder Hebamme. Das macht zusammen 47 %. Dem stehen nur 15 % kaufmännisch-verwalterische und 13 % handwerkliche Berufe gegenüber, und jeweils 0,5 % Techniker und höhere Manage-

ment- und Verwaltungsberufe. Naturwissenschaftler fallen durch so gut wie vollständige Abwesenheit auf. Sieht man von den Ausbildungslosen und Studienabbrechern ab, ergibt sich das klare Erscheinungsbild einer nachindustriellen, »tertiären« Dienstleistungswelt, in der Minderheiten von 20% Kaufmanns- und Verwaltungsberufen, 17% Handarbeitsberufen und 1% Naturwissenschaftler und Techniker im übermächtigen Schatten von 62% Sozial- und Kulturberuflern stehen. Gegenüber der sonstigen Wirklichkeit ist dies eine buchstäblich umgekehrte Welt[6].

Aus diesen Daten ergibt sich eine idealtypische Figur des Selbsthilfegruppen-Mitglieds, sei es nun in fester Funktion als (para)professionelle Kraft oder als einfaches Mitglied. Diese Figur ist

- ebensooft männlichen wie weiblichen Geschlechts,
- gehört zur Gruppe der älteren Jungen oder jüngeren Alten,
- lebt meist (noch oder wieder) alleine,
- hat (noch) keine Kinder oder keine mehr im Haushalt,
- steht auf einem vergleichsweise sehr hohen Bildungsniveau
- und folgt der inneren Missionsstimme einer psychosozialen oder soziokulturellen Berufung.
- Im Falle der einfachen Mitgliedschaft, sozusagen als selbstaktiver Klient, ist diese Figur zu drei Vierteln nicht-erwerbstätig; in fester Funktion dagegen, als (para-)professionelle Kraft, zu zwei Dritteln reinster sozialberuflicher Festlegung.

Diese Merkmale charakterisieren ein eigenes Milieu. Es wird gelegentlich als »Mittelschichtsmilieu« bezeichnet. Dies ist offenbar zutreffend, aber noch zu unbestimmt. Denn viel wichtiger unter dem Aspekt der sozialen Netze und sozialen Dienste sind die anderen der erwähnten Eigenschaften. Ich möchte deshalb vom *tertiären Milieu* sprechen (im Unterschied zum landwirtschaftlichen Milieu des primären Sektors und dem industriellen Milieu des sekundären Sektors).

Die Angehörigen des tertiären Milieus sehen die Welt durch die Brille ihrer »postindustriellen« Wertorientierungen und ihrer psychosozialen Präokkupationen. Neben oder jenseits der Erfahrungswelt des herkömmlichen Berufs- und Familienlebens kennen die Mitglieder dieses Milieus »neue Verkehrsformen«. Diese spielen sich in systematisch und artefaktisch hergestellten Gruppen ab, ähnlich (obgleich nicht vorherrschend) den berühmt-berüchtigten Wohngemeinschaften aus der Zeit der 68er.

Man begegnet hier einander von vornherein auf sozialwissenschaftlich »vermittelte« Weise, um sich und seine »Bedürfnisse« und »Probleme« »einzubringen« und nach Maßgabe der einschlägigen pädagogisch-didaktisch-therapeutischen Methoden »abzuarbeiten«. Wie Pankoke formuliert hat, handelt es sich um »eine gruppendynamisch inszenierte ›Nähe auf Distanz‹«[7]. Dies, wie weiter unten noch ausgeführt wird, hängt mit der Doppelfunktion der Selbsthilfegruppen zusammen, Fachdienste und Freundesdienste zugleich zu erbringen. Dadurch wird man sich wechselseitig zum Subjekt wie Objekt eines pädagogisch-didaktisch-therapeutischen Verhaltens. Man verhält sich zueinander gerade *nicht*, wie man sich sonst von Mensch zu Mensch verhält. Wenngleich Selbsthilfegruppen geeignet sind, Freundschaften zu schließen und zu pflegen, so gilt doch: Sofern und solange die Selbsthilfegruppe »in Aktion« ist, verhält man sich zu seinen Freunden *nicht*, wie man sich sonst unter Freunden verhält. Vielmehr schlüpft man, als eine Art sozialer Halbleiter, in rasch wechselnder Folge einmal in die Rolle des »behandelnden Experten«, zum anderen dann wieder in die Rolle des »Klienten«. Man ist teils »Anbieter« teils »Nachfrager«.

Was die fachliche Arbeitsleistung betrifft, die dieser Gruppenökonomie zugrundeliegt, hat man auf der einen Seite etwas von sich selbst für die anderen »einzubringen«. Damit erlangt man das Recht, auf der anderen Seite etwas »für sich mitzunehmen«. Über »Schmarotzer« und »Trittbrettfahrer« wird nicht wenig geklagt. Denn es geht ja nicht um eine frei verströmte Betätigung der Nächstenliebe, sondern um *Arbeit* – um persönliche Problembearbeitung, um das Abarbeiten dieser Probleme, um Beziehungsarbeit, Körperarbeit, Ausdrucksarbeit, Traumarbeit, Trauerarbeit und so fort. Wie jede Arbeit kann auch diese Freude oder Frust bereiten. Sie kann Lebenskräfte wecken oder lähmen und überanstrengen. Jedenfalls wird hier etwas geleistet: gegenseitige Dienste, Dienstleistungen. Selbsthilfegruppe heißt, daß jede und jeder in einer Gruppe für jede und jeden Dienste leistet. Jeder muß Zuwendungszeit für andere einbringen, jeder darf Zuwendungszeit für sich beanspruchen. Die Konkurrenz um die besten Plätze auf dem Gesprächsteppich ist konstitutiv. Wenn es gruppendynamisch kriselt oder kracht, rechnet man einander Soll und Haben vor. Schlechte Stimmungen entstehen, wenn und weil gewisse Leute immer und alles gegeneinander aufrechnen. Man kann den aus- oder unausgesprochenen Gruppenvertrag allzu buchstabengetreu nehmen, und bei »Dienst nach Vorschrift« funktioniert eben nichts mehr. Dafür tritt hervor, was diesen Dienst normalerweise funktionieren läßt: nicht Herz, Gefühl und ursprüngliche menschliche Verbundenheit, sondern Sozio- und Psycho-Logik als das geistige Gewebe eines neuen Raumes der Wissenschaftsgesellschaft und als die Technologie der tertiären Dienstwirtschaft.

Dieses Verhaltenssyndrom, das von einem parawissenschaftlichen pädagogisch-didaktisch-therapeutischen Denken geprägt ist und einer paraökonomischen Arbeits- und Dienstleistungsrationalität unterliegt, nenne ich *Pädithen-Syndrom.* »Pä-di-th« ist eine Zusammensetzung der Anfangsbuchstaben von pädagogisch, didaktisch und therapeutisch. Menschen, die sich in ausgeprägter Weise so verhalten, sind *Pädithen.*

Das Pädithen-Syndrom, dem sei gleich vorgebaut, ist nicht per se pathologisch, sondern erst, sobald man beginnt, es auf sein ganzes Leben zu übertragen und sich seinen Angehörigen und Freunden gegenüber genauso zu verhalten wie im Seminar oder in der Selbsthilfegruppe. »Je mehr Hilfevollzüge professionalisiert werden«, schreibt dazu Peter Gross, desto häufiger »gewinnen auch die alltagspraktischen Handlungen ein anderes Aussehen. Die Hilfevollzüge im Alltag werden mit klinischem Blick ihrer selbstverständlichen Daseinsweise entrissen. So ist es dann schon möglich, daß es als Selbsthilfeaktivität bezeichnet wird, wenn man ein krankes Kind aufnimmt. Typisch hierfür ist etwa die in der einschlägigen Literatur verbreitete Geschichte, rund zwei Drittel aller gesundheitlichen Aktivitäten fänden noch im Laiensystem statt. Flugs werden hier professionelle Definitionen von Krankheit dem Alltag übergestülpt. Die professionelle Hybris, gegen deren Verwaltung von Lebensproblemen mit Recht protestiert wird, wirkt hinter dem Rücken weiter«[8].

Sagen wir, wirkt weiter – denn die neue Haushalts- und Beziehungsrationalität setzt sich durchaus nicht hinterrücks durch. In nicht wenigen Familien und Lebensgemeinschaften des tertiären Milieus hat man die Einsatzpläne der Eigenarbeit und die Zusatzverträge über die psychosozialen Dienstpflichten im Haushalt vielmehr klar vor Augen.

Im tertiären Milieu der Pädithen ist man gruppendynamisch und selbsterfahrungspsychologisch außerordentlich geschult. Knapp 50 % der Mitglieder in Selbsthilfegruppen haben zuvor auch schon an anderen Gruppen teilgenommen: z. B. jeder Fünfte an irgeneiner Form von sozialpsychiatrischer Therapie (insbesondere Alkohol- und Drogentherapie), jeder Fünfte an einer sonstigen Gruppentherapie, knapp 10 % auch an Einzeltherapien[9]. 40 % nehmen gleichzeitig noch an anderen Gruppen teil, darunter ganz gleichartige Gruppen wie die jeweilige Selbsthilfegruppe, und andere wie autogenes Training, Atemtherapie, diverseste Gruppen- und Einzeltherapien. Häufig findet sich daneben auch noch die Teilnahme etwa an Bürgerinitiativen, Kirchen- oder Parteigremien.

Sowohl von professionellen Kräften wie von anderen Mitgliedern wird erwartet, daß sie sich am kooperativen Interventionsmodell orientieren und dabei die Sprach- und Verhaltensregeln des Pädithen-Spiels einhalten. Auch und gerade das unterscheidet die neueren Selbsthilfegruppen von vergleichbaren früheren. 70 % der heutigen Selbsthilfegruppen sind in diesem Sinn »neue Gruppen«. Sie zeigen das Pädithen-Syndrom mehr oder minder deutlich. Die restlichen 30 % sind ausschließlich Gruppen von Alten, Behinderten und Ausländern[10].

Das einfache Glück der schlichten Gemüter ist dem Pädithen ein für allemal verwehrt. Dafür hat er Problembewußtsein. Die Elemente des Pädithen-Verhaltens zu kennen und zu beherrschen, bzw. die Fähigkeit, dieses Verhalten rasch zu lernen, ist eine *unabdingbare Voraussetzung und Qualifikation*, um erfolgreich an einer Selbsthilfegruppe teilnehmen zu können. Ein Mensch, der den »Stallgeruch« des Pädithen auch nicht als vagen Anhauch kennt, wird in eine Selbsthilfegruppe nicht hineinpassen und sich fehl am Platze fühlen, wie die Gruppe ihrerseits einen solchen Menschen beim besten Willen nicht aufnehmen bzw. annehmen kann. Es wird einfach nichts funken, denn ohne päditisches Problembewußtsein gibt es keinen gemeinsamen Kanal. Die spezifische Wirkung der Selbsthilfegruppen *beruht* auf dem Pädithensyndrom. Man könnte es sonst genausogut bei einem Kegelclub bewenden lassen. Zwar ist eine Selbsthilfegruppe notwendigerweise immer *auch* ein Geselligkeitsverein aber sie ist immer auch spezifisch *mehr* als das – und zwar in genau dem Sinn, in dem jeder Wissenschaftler und Diensteleister immer und jederzeit ein Mensch, aber nicht jeder Mensch jederzeit wissenschaftlich und diensteleisterisch tätig ist.

Man hat sich häufig über die offenbar vorhandenen Zugangsbarrieren zu Selbsthilfegruppen gewundert. Meist wird vermutet, es liege am »Mittelschicht-Milieu«. Aber zu den Mittelschichten gehört heute längst die Mehrheit. Die entscheidende Barriere liegt darin, daß sich die heutigen Selbsthilfegruppen überwiegend aus dem tertiären Pädithenmilieu rekrutieren. Diese Barriere wird sich jedoch in dem Maß auflösen, und Selbsthilfegruppen und neue soziale Dienste werden sich in dem Maß verbreiten, wie das Trägermilieu im Zuge der Tertiarisierung der Industriegesellschaft sich verbreitet. Das tertiäre Milieu und die Pädithen sind zwar nicht das heroische revolutionäre Subjekt einer »psychosozialen Revolution«, wie sie Moeller einmal postulierte[11]. Aber sie bilden die »High-Touch«-Avantgarden, die neben den »High-Tech«-Avantgarden als ihren Mit- und Gegenspielern die Frontlinien der gesellschaftlichen Entwicklung in die Zukunft treiben. Da in der modernen Gesellschaft der letzten 200 Jahre die Revolution in Permanenz zum alltäglichen Evolutionsgeschehen gehört, hat Moeller jedoch wohl zu Recht angenommen, es habe eine allgemeine »Psychosozialisierung« eingesetzt. Er greift dabei zurück auf die kulturelle Evolutionstheorie von Norbert Elias. Demnach ist die zunehmende Psychologisierung (wie auch – damit zusammenhängend – ein zunehmender »Zwang zum Selbstzwang«) eine Folge der zunehmenden sozialen Dichte und Komplexität. Gewiß kann man das auch so sehen. Es ist ein anderer Aspekt derselben Entwicklungsgeschichte. Goethe, als Zeitgenosse der heißen Take-Off-Phase der modernen Gesellschaft, scheint diese Geschichte ganz gut vorausgeahnt zu haben. Um 1790 hielt er es bereits »für wahr, daß die Humanität endlich siegen wird, nur fürcht' ich, daß zu gleicher Zeit die Welt ein großes Hospital und einer des anderen humaner Krankenwärter werden wird«[12].

Der Klärung halber sei angemerkt, daß die Ausdrücke »tertiäres Milieu« und »Pädithen-Syndrom« keinesfalls pejorativ gemeint sind. Ich bin da selbst »betroffen«. Andererseits ist ein kritisch-ironischer Unterton schon beabsichtigt. Als neue Avantgarden teilen die Pädithen im tertiären Milieu mit anderen ambitionierten Beginnern das bestimmte Gefühl, ungemein wichtig zu sein und unbedingt richtig zu liegen. So wird alles Bisherige einer strengen Kritik unterzogen, aber an einer kritischen Distanz auch sich selbst gegenüber fehlt es normalerweise noch. Die eigene Identität scheint da nur ausnahmsweise schon gefestigt genug, um sich vom nicht immer vorteilhaft wirkenden Licht der (Selbst-)Kritik ausleuchten zu lassen – und trotzdem zur eigenen Identität zu stehen. Wer – gerade in einer Welt explosiver äußerer und innerer Zerstörungspotentiale – das eigene Milieu in naiver bis voreingenommener Weise auf dem richtigen Weg sieht, die anderen dagegen auf dem falschen, wird bei sich und den anderen weder den geliebten Frieden stiften noch die ersehnten Heilkräfte wecken. Lediglich wird er unbesehen dafür sorgen, daß Pädithen-Berufe die Welt in ein allgemeines Schul- und Krankenhaus verwandeln, und daß im tertiären High-Touch-Sektor genau wie im sekundären High-Tech-Sektor das Geld strömt.

Bewegung im intermediären Raum

Selbsthilfegruppen als intermediärer Reißverschluß

Die Pädithen sind Pioniere. Sie erschließen und durchdringen einen ganz bestimmten sozialen Raum. Bildlich gesprochen liegen in der Lebenswelt der Menschen zwischen dem Heimatplaneten des privaten Haushaltes und dem Universum der Großrauminstitutionen in Markt und Staat ausgedehnte Asteroidengürtel von *intermediären Strukturen*[1]. Vereine und Verbände, von den Sportvereinen bis zu den Gewerkschaften, sind typischerweise die Gebilde, die diesen Raum besetzen. Sie verbinden das Privatleben mit dem öffentlichen Leben, die Familien- und Freundeskreise mit den großen Institutionen. Die heutigen Selbsthilfegruppen stellen eine neue Generation dieser intermediären Gebilde dar. Sie bilden heute jene Schicht, die nächst den sozialen Netzen von Familie, Freundschaft und Nachbarschaft wächst. Sie wirken wie ein Reißverschluß zwischen der Lebenswelt der einzelnen und dem System der gesellschaftlichen Institutionen. Im Wolfenden-Report wird der Kosmos der sozialen Dienste so beschrieben, daß die »Primärkerne« der Familien- und Freundschaftsdienste umgeben sind von einem Ring freiwilliger und ehrenamtlicher Arbeit (voluntary sector), denen die privaten Dienste (state sector) folgen[2]. Selbsthilfegruppen vermitteln in spezifischer Weise zwischen allen diesen vier Bereichen.

Nun ist das intermediäre Gefüge einem ebensolchen Wandel unterworfen wie die wachsende und sich wandelnde Industriegesellschaft überhaupt. Ehemalige kleine und basisnahe Zusammenschlüsse – wie früher z. B. lokale Versicherungskassen auf Gegenseitigkeit – wachsen sich zu großen und anonym bürokratisierten Institutionen aus. Die heutigen Krankenkassen, Berufsgenossenschaften und Gewerkschaften sind zum Beispiel auf diese Weise entstanden. Je mehr sie sich ausprägen und je länger sie sich entwickeln, nehmen sie faktisch einen parastaatlichen Charakter an. Das gilt insbesondere auch für die inzwischen ebenfalls großgewordenen Sportverbände und Wohlfahrtsverbände.

Alle diese ehemaligen »Selbsthilfegruppen« durchlaufen diesen Wandel um ihrer Wirkung willen. Je mehr Mitglieder sie repräsentieren und je mehr Finanzbeiträge sie aufbringen, um so stärker können sie ihren Interessen Geltung verschaffen. So konnten etwa noch vor hundert Jahren schon 200–300 Personen eine funktionierende Krankenkasse bilden, allerdings auf einem vergleichsweise sehr niedrigen Leistungs- und Versorgungsniveau. Die voll professionalisierte Gesundheitsindustrie der Gegenwart dagegen, mit ihrem sehr hohen Dienstleistungsumsatz, ist anders als durch die flächendeckenden und praktisch alle sozialen Schichten umfassenden »Großkrankenkassen« überhaupt nicht denkbar[3].

In diesem Sinne hat erstmals Franz Oppenheimer um die Jahrhundertwende mit Bezug auf die Genossenschaften das »Transformationsgesetz« formuliert[4]. Ph. Herder-Dorneich hat gezeigt, wie dieses Transformationsgesetz auch auf andere soziale Selbsthilfegruppen zutrifft: »Effizienz erfordert Größe, Größe erfordert Organisation und Organisation tötet Gemeinschaft«. So entsteht – und man muß von vornherein hinzufügen: in einer allgemein wachsenden und sich ausdehnenden Gesellschaft – eine ständige Tendenz zur »Ausdünnung des intermediären Raumes«[5]. Damit wird ein ordnungspolitisches Problem sichtbar: »Es eröffnet sich in der unteren intermediären Sphäre ein ausgedünnter unbesetzter Raum, der spontan entstehende Selbsthilfegruppen anzieht und von ihnen immer wieder besiedelt wird. Die Selbsthilfegruppen aber, wenn sie überleben wollen, wachsen aus diesem Bereich immer wieder hinaus, oder sie zerfallen«[6]. Aufgrund dieser geschichtlich wiederholt zu erlebenden Sachlage kam schon 1931 ein Autor namens Steinmetz zu folgendem Schluß: »Die Selbsthilfe wird dennoch überhaupt nie schwinden, sondern ewig als Korrektiv bestehen bleiben, und zwar ebensoviel bei fehlender wie bei zu großer Ausdehnung der höheren bzw. höchsten Macht, bei mangelhafter sozialer Ordnung wie bei zu strammer und lückenloser«[7].

Die Doppelfunktion der Selbsthilfegruppen: fachliche Intervention und soziale Integration

Die Bemerkung, die »höheren Mächte« könnten zu sehr fehlen aber auch zu präsent sein, verdient Beachtung. Wie schon erwähnt, gelten heute Lücken und Mängel der institutionell-professionellen Versorgung als meistverbreitete Erklärung für Selbsthilfegruppen[8]. Aber die These der »Kolonisierung der Lebenswelt« durch eine penetrante Überpräsenz der Markt- und Staatssysteme sowie sonstiger »höherer Mächte« dürfte mindestens ebenso plausibel sein.

Tatsächlich weisen die empirischen Befunde in beide Richtungen. Die meistgenannten Motive, sich einer Selbsthilfegruppe anzuschließen, rühren zunächst (von 78 % angeführt) aus einem spezifischen Problem, desbezüglich man nirgendwo sonst die nötige Unterstützung, Verständnis- und Zuwendungsbereitschaft findet, über das man sich nirgendwo sonst in befriedigender Weise aussprechen und Erfahrungen austauschen kann, und über das man nirgendwo sonst genügend Wissen und Informationen bekommt.

Ein anderer vielgenannter Motivkomplex (61 %) liegt darin, Geselligkeit und Unterhaltung zu finden, Vereinsamung zu überwinden und die zwischenmenschlichen Beziehungen zu verbessern[9].

Politische Interessen werden nur von 4 % angegeben. Das mag überraschen, erklärt sich aber daraus, daß die Beteiligten zwischen ihren *persönlichen* Motiven und Interessen und den Funktionen und Sachinteressen ihres *Projektes* offenbar einen Unterschied machen. »Etwas Verläßliches über die Nebenwirkungen der Medikamentenbehandlung zu erfahren« und »in einen Kreis aufgenommen sein« sind unter Selbsthelfern unvergleichlich stärkere Motive, als etwa andere Beweggründe der Selbsthilfe wie »gegen Vorurteile anzukämpfen« oder »der Grundgedanke, selbstbestimmt im Kollektiv zu arbeiten«.

Deutlich tritt damit die doppelte Funktion der Selbsthilfegruppen hervor. Sie besteht darin, daß in diesen kleinen sozialen Netzen

* zum einen *fachliche Interventionen* stattfinden bzw. *fachliche Dienste* geleistet werden
  und
* zum anderen eine gesellige *soziale Integration* erfolgt.

Bei den Gruppen in den Bereichen Gesundheit und Sucht, aber auch bei den Jugendarbeits-, Arbeitslosen- und Ausländerprojekten, steht eindeutig die fachliche Funktion im Vordergrund. Bei den Alten und Behinderten sowie auch im Bereich Psychiatrie dagegen überwiegt ebenso eindeutig die gesellige sozialintegrative Funktion.

In beiden Fällen kommt hier mit ins Spiel, daß gerade im fortgeschrittenen tertiären Milieu die traditionellen sozialen Netze die größten Löcher aufweisen. Wie berichtet leben 52 % (sonst nur 13 %) alleine[10]. Nur 34 % der Gruppenmitglieder leben in den sonst üblichen Familien- und Ehebindungen[11]. Dagegen leben 9 % in Wohngemeinschaften, wie sie in der sonstigen Bevölkerung nur vom Hörensagen bekannt sind. Nur 26 % haben Kinder im Haushalt; die Kinder von weiteren 25 % leben woanders und 49 % haben überhaupt keine Kinder. Die Selbsthilfegruppe ist so ein willkommener Kontaktmarkt. Schon manch eine bzw. einer ward nicht mehr gesehen, nachdem sich in der Gruppe die gesuchte »neue Beziehung« gefunden hatte. 56 % pflegen auch außerhalb der Gruppentreffen häufige Kontakte zu anderen Gruppenmitgliedern, überwiegend gleich zu mehreren; weitere 32 % pflegen solche Beziehungen manchmal, nur 12 % nie. In der Regel bekommt man durchaus Erfreuliches über neue Freunde zu hören, während bedeutungsvolle Andeutungen wie »ich habe da böse Erfahrungen erlitten« zu den Ausnahmen gehören. Das ganze findet häufig in der Nachbarschaft statt. Obwohl Berlin eine Stadt ist, wo man sich in seinem Aktionsradius nicht so sehr um die Kiezgrenzen kümmert, treffen sich 44 % der Gruppen »in Wohnungsnähe« (56 % »weiter weg«).

Sind Familien- und Ehebindungen vorhanden, gehören sie oft nicht zu den besten. Die Fälle, in denen Betroffene von ihren Angehörigen und ihrem sonstigen Umfeld »eher Unterstützung« erfahren, halten sich mit den anderen Fällen, in denen sie »eher Behinderungen« erleben, die Waage. Als hinderlich erlebt werden hier meist »Gleichgültigkeit« und »Unverständnis«, aber auch zu stark empfundene »Abhängigkeit«. Selbsthilfegruppen kompensieren also nicht nur fehlende oder mangelhafte Dienstleistungen, sondern auch fehlende oder mangelhafte Familien- und Ehebeziehungen[12]. Sie knüpfen tatsächlich »neue soziale Netze«, teils enger, teils loser.

Dennoch fällt auf, daß die sozialintegrative Funktion der Gruppen längst nicht so stabil und eindeutig besteht wie die fachliche Funktion. So ist etwa die Zeit, die man in und mit der Selbsthilfegruppe verbringt, im Durchschnitt verblüffend gering: nur 5,5 Stunden die Woche. Bei den Aktivisten, sicherlich, sind es 14–20 Stunden, aber bei den anderen dafür meist nur 3–6 Stunden. Außerdem gibt es nicht wenige Gruppen, die sich nur 14tägig oder sogar noch seltener treffen, statt der sonst üblichen wöchentlichen Sitzungen. Der Geschichte des kleinen Prinzen von Saint-Exupéry zufolge liebt man, womit man seine Zeit zubringt. So gesehen kann es mit der Bindekraft der »neuen Verkehrsformen« nicht allzuweit her sein.

Dem entspricht, daß die Mitglieder nicht gerade ihr Leben lang in den Gruppen bleiben, die meisten nicht einmal jahrelang. Jeder Fünfte ist erst, bzw. bleibt nur, ein paar Monate dabei; weitere 18 % ein gutes Jahr; 24 % gut zwei Jahre. Nur ein Drittel bleibt drei Jahre und länger bei der Gruppe. Die Fluktuation ist dementsprechend in der Hälfte aller Gruppen »hoch«, und bei weiteren 21 % schwächer.

Dem steht jedoch gegenüber, daß es in 29 % der Fälle so gut wie keine Fluktuation gibt, außer dadurch, daß die Mitglieder sterben. Und über 90 % der Gruppen mit »hoher« Fluktuation bescheinigen sich gleichzeitig eine ebenfalls »hohe« Stabilität ihres Projektes. Das heißt: die Leute kommen und gehen, das Projekt bleibt. Immer wieder ist die Rede von der »Gründergruppe« oder »Kernmannschaft«. Sie bildet, bei sehr geringer Fluktuation, den stabilen Kern des Projektes, der von einer eher instabilen Selbsthilfeklientel umkreist wird. Über diesen Kern vollzieht sich auch der Transformationsprozeß in Richtung Professionalisierung, auch, wenn die Kerngruppe diese Transformation eigentlich gar nicht will. Die Selbsthilfeklientel kann sie auch gegen deren Willen bewirken. Denn bei der Mehrheit der Beteiligten, gehören sie nun eher zu den stabilen Kernen oder eher den instabil fluktuierenden Asteroiden des intermediären Raumes, ist die ursächliche Motivationslage allzu evident: der persönliche Vorrang der fachlichen Intervention vor der sozialen Integration.

Eben deshalb ist eine Selbsthilfegruppe nicht einfach ein soziales Netz oder eine Gemeinschaft wie andere. Sie ist »Gemeinschaft plus«, nämlich »Gemeinschaft plus Dienstleistungsangebot«. Sie ist auch nicht einfach ein soziales Netz »für alles« wie etwa die vorindustrielle Hausgemeinschaft. Im Unterschied dazu ist sie auf bestimmte Interventions- und Integrationsfunktionen *spezialisiert*[13]. Gruppen, und insbesondere Selbsthilfegruppen, sind die Hauptform, in der und durch die wirksame fachliche Leistungen auf psychosozialem Gebiet erbracht werden – dies heute schon, und künftig noch mehr. Deshalb sind sie das Hauptbetätigungsfeld der neuen Sozialberufe.

Duale Wirtschaftsstruktur der Selbsthilfegruppen

Die Spezialisierung der Selbsthilfegruppen im intermediären Raum bedeutet, daß die Dienste nicht »rein professionell« oder »rein hausgemacht«, sondern in einer Mischung eigener Art geleistet werden. Daraus ergibt sich die besondere duale Wirtschaftsstruktur der Projekte und ihre eigenartige Mischung von Innen- und Außenorientierung: 25 % der Gruppen helfen nur sich selbst, 23 % auch anderen, indem sie z. B. Besuchs-, Beratungs- oder Rollstuhlschiebedienste durchführen. Beides, die Selbsthilfe wie die Hilfe für andere, geschieht teils »hausgemacht« (laizistisch), teils professionell. So pflegen etwa Besuchsdienste hausgemacht zu bleiben, während Beratungsdienste zur Professionalisierung tendieren.

29 % der Projekte ziehen zu ihrer eigenen Arbeit professionelle Fremdleistungen von außen hinzu, etwa in Gestalt von Gruppentrainern, Therapeuten, Ausbildern o. ä. In den restlichen 23 % der Gruppen ist die Selbsthilfe im engeren Sinn praktisch bereits verschwunden (oder von vornherein nicht dagewesen). Hier werden ausschließlich »Hilfe zur Selbsthilfe«, »Laienhilfe«, »ambulante Dienste« für andere geleistet; sei es,

<table>
<tr><td>ausschließlich Eigenarbeit und ehrenamtliche Tätigkeit</td><td>24 %</td><td></td><td rowspan="2">35 %</td><td rowspan="3">79 %</td><td></td></tr>
<tr><td>überwiegend Eigenarbeit und ehrenamtliche Tätigkeit</td><td>11 %</td><td rowspan="2">55 %</td><td rowspan="3">76 %</td></tr>
<tr><td>überwiegend Hauptamtliche und Honorarkräfte</td><td>44 %</td><td rowspan="2">65 %</td></tr>
<tr><td>ausschließlich Hauptamtliche und Honorarkräfte</td><td>21 %</td><td></td><td></td></tr>
</table>

Tab. 1: Bezahlte und unbezahlte Arbeit in Selbsthilfeprojekten.

daß dies nun schon mehr professionell oder eher noch hausgemacht geschieht.

Ein ähnlich durchmischtes Bild zeigt sich bei der Bezahlung der Arbeit. In 24 % der Projekte herrschen ausschließlich Eigenarbeit und ehrenamtliche Tätigkeit, in weiteren 11 % überwiegen diese immerhin; in 44 % dagegen wird durch Honorarkräfte und fest Beschäftigte bereits mehr bezahlte als unbezahlte Arbeit getan, und bei 21 % wird nur noch bezahlt gearbeitet. Die reine Eigenarbeit und Ehrenamtlichkeit einerseits und die ausschließlich bezahlte Arbeit andererseits halten sich also in etwa die Waage. Die 55 % dazwischen weisen eine duale, mehr oder minder balancierte Wirtschaftsstruktur auf, die allerdings bereits in Richtung Bezahlung ausschlägt. Der berühmte Disput darüber, ob ein Glas halbvoll oder halbleer sei, könnte in diesem Fall darüber entbrennen, ob man herausstreichen soll, daß in 79 % der Projekte noch mehr oder weniger viel unbezahlte Arbeit geleistet wird, oder daß in 76 % der Projekte schon mehr oder weniger viel für Geld gearbeitet wird. Tatsache bleibt so oder so, daß die Selbsthilfegruppen im intermediären Raum einen dualwirtschaftlichen Reißverschluß bilden, indem sie bezahlte professionelle Dienste und ehrenamtliche Eigenarbeit, Fremdleistungen und Eigenleistungen, miteinander verbinden.

Fachliche Leistung und persönliche Wirkung der Selbsthilfegruppen

Das hohe Maß an Eigenleistung und unbezahlter Arbeit, das in den Selbsthilfegruppen erbracht wird, hat anfänglich manche Standesvertreter fürchten lassen, hier seien – heute oder künftig – Einkommensquellen und Arbeitsplätze der eigenen Firma in Gefahr. Die Realität sieht grundlegend anders aus. Es genügt eigentlich schon, die Tätigkeiten der Gruppen im einzelnen Revue passieren zu lassen, um zu sehen, daß die Gruppen den Professionellen nicht Arbeit wegnehmen, sondern etwas tun, was diese normalerweise nicht tun.

Selbsthilfegruppen sind in aller Regel nicht kurativ tätig. Behandlungen oder Therapien im engeren Sinn führen sie nicht durch. »Wir machen psychosoziale Hilfe und Behandlungsbegleitung, aber keine Therapie«. Nur in seltenen Ausnahmefällen gibt es »Ambulante Dienste«, die den stationären Diensten der Krankenhäuser Konkurrenz machen, oder »Geburtshäuser« für eine sanfte Geburt, die eine Alternative anbieten, weg von den hochtechnisierten Kreißsälen. Typischerweise wurde gerade in diesen beiden Fällen der Bereich der Selbsthilfe zugunsten eines reinen Dienstleistungsangebots verlassen.

Häufiger dagegen erfüllen die Gruppen (23 %) »psychotherapeutische« Funktionen im weiteren Sinn, etwa in Form von systematischen Selbsterfahrungstrainings, Gruppengesprächstherapien, Atemtherapien u. ä. Diese »Therapien« stehen indes zu denen der etablierten Psychiater und Psychotherapeuten nicht in Gegensatz, weil sie sich in Form und Ablauf anders gestalten. Erfahrungsgemäß stimulieren und ergänzen die »alten« und »neuen« Therapieformen einander.

Die Gruppen erbringen für ihre Mitglieder

- in 80 % der Fälle psychosoziale Hilfen und problemorientierte Hilfe in diversen Lebenslagen;

- in 76 % der Fälle Unterstützung durch rechtliche und fachliche Aufklärung, Interessenlobbyismus und Anwaltfunktionen;
- in 53 % der Fälle spezielle *Re*sozialisierungsfunktionen;
- in 53 % der Fälle rehabilitative und präventive Leistungen;
- in 23 % der Fälle die schon erwähnten Leistungen der quasitherapeutischen Bewußtseins- und Körpererfahrungserweiterung[1].

Die spezifischen Leistungen der Gruppen liegen also in der Verbesserung der psychosozialen Befindlichkeit und in der Verbesserung der Handlungskompetenz[2]. Auch Moeller berichtet, daß es bei Personen, die über einen Zeitraum von einem Jahr bei der Gruppe bleiben, zu folgenden Verbesserungen kommt:

- deutliche Abnahme von Depressivität,
- Rückgang körperlicher und seelischer Beschwerden,
- Zunahme von Initiative, Kontakten, Bindungsfähigkeit,
- erhöhte Bereitschaft und Fähigkeit, anderen zu helfen,
- höhere Konfliktfähigkeit und Handlungskompetenz[3].

Analytisch gesehen empfiehlt es sich, genauer herauszustreichen, daß die fachlichen und sozialintegrativen Funktionen der Gruppen zwei unterschiedliche Anlässe bzw. Wirkungen haben können. Wenn es jemandem gut geht und er durch Selbsterfahrungsübungen persönliche Bereicherung erfährt, oder er infolge gezielter Beratung noch besser zurechtkommt, so liegt eine Verbesserung im eigentlichen Wortsinn vor. Diese Verbesserung von an und für sich schon guten Lebensbedingungen ist die *meliorative Wirkung* der Gruppen[4].

Viel häufiger besteht der Anlaß für fachliche Interventionen aber darin, daß es jemandem mehr oder weniger schlecht geht und diese Situation sich zu verschlimmern und zuzuspitzen droht – ein sich verschlechternder Gesundheitszustand, mangelhafte zwischenmenschliche Beziehungen und zunehmende Vereinsamung, Problemhäufungen etwa durch Sucht, Straffälligkeit, Schulden und Ärger zu Hause. Solchen Zuspitzungen wird hier die Spitze gebrochen. Die Betroffenen werden aus dem Strudel negativer Wirkungen herausgezogen. Die Verschlimmerungen werden aufgefangen, gemildert, gebremst, teilweise und manchmal sogar ganz rückgängig gemacht. Es wird *re*sozialisiert, *re*integriert, *re*habilitiert o. ä. Diese teilweise oder vollständige Rückführung von sich verschlechternden Lebensbedingungen nenne ich die *depeorative Wirkung* der Gruppen[5]. Die analytische Unterscheidung der meliorativen von den depeorativen Wirkungen erlaubt es, die gesellschaftliche Funktion von Selbsthilfegruppen und sozialen Diensten besser zu bestimmen. Im praktischen Einzelfall läßt sich das eine vom andern oft nicht trennen.

Eine typische Geschichte bezieht sich zum Beispiel auf die Medikamentenabhängigkeit bei Anfallkranken. Die vielen Tabletten machen »müde und antriebsarm, oder aggressiv-depressiv. Fast alle fühlen sich dem Arzt ausgeliefert«. So setzte sich die Gruppe zum Ziel, mit so wenig Medikamenten wie möglich auszukommen und dabei anfallfrei zu bleiben. Durch den Rückhalt in der Gruppe, verständnisbereite Unterstützung durch die behandelnden Ärzte und autogenes Training gelang es, innerhalb eines Jahres die Tagesdosis von 9½ auf 4 Tabletten zu senken[6]. Ein anderes Beispiel bietet die Statistik der nüchternen Tage bei Synanon. Jeder Tag ohne Drogen und Alkohol jeder Person wird gezählt. Es ergibt sich daraus eine nun schon über Jahre hin imposant positive Wachstumskurve für alle, und außerdem eine namentliche »Anciennitäts-Olympiade« der Mitglieder im einzelnen[7]. Nothing succeeds like success... Es ist genau diese positive Verstärkung durch die Gruppe, was ihre depeorativ-meliorativen Wirkungen begründet. Negative Teufelskreise werden in positive Synergien verwandelt[8].

Die Frage, ob Selbsthilfe herkömmliche Dienste ersetzt, ergänzt oder erweitert, läßt sich aufgrund der getroffenen Feststellungen klar beantworten. Zu einer Substitution kommt es, obwohl die Gruppen im gegebenen Fall gleiche oder bessere Erfolgsquoten aufweisen wie herkömmliche Dienste, nur in seltenen Ausnahmefällen[9]. In aller Regel kann Selbsthilfe *weder* herkömmliche Dienste *noch* herkömmliche soziale Netze wie die Familie ersetzen, allenfalls einige von deren Mängeln kompensieren[10]. Das Unbehagen mancher Ärzte gegen Selbsthilfegruppen rührt nicht daher, daß die Gruppen Ärztepfründe gefährden oder kurpfuschen könnten, sondern daher, daß sie selbstbewußt ihre Hände in die offensichtlichen Wunden der heutigen Gesundheitsindustrie legen, ihre Ärzte offen beurteilen und gegen das autoritäre Modell vom angeblich allwissenden Gott in Weiß erfolgreich das kooperative Interventionsmodell ins Feld führen. Ansonsten besteht auf den genannten Wirkungsfeldern ein hohes Maß an Ergänzung und Erweiterung herkömmlicher Dienste. Gerade bei Psychologen, Therapeuten, Sozialpädagogen und Sozialarbeitern zeigt sich, daß Selbsthilfegruppen sich mit ihnen nicht nur hervorragend ergänzen, sondern daß sie eines ihrer expansionsträchtigsten Betätigungsfelder bilden.

Die depeorativ-meliorativen Wirkungen der Gruppen werden von ihren Mitgliedern durchweg bestätigt. 95 % der Mitglieder finden, daß die Gruppe ihnen tatsächlich hilft; nur 1 % erklären, daß Effekte überhaupt ausblieben, und bei nur 4 % treten sie nur »manchmal« ein. 92 % sind überwiegend oder jederzeit in der Gruppe zufrieden[11]. 91 % finden, daß die Gruppe den ihr zugedachten Zweck auch erfüllt. Das war allerdings zu erwarten, da zu einem solchen Befund ja nur die beitragen, die eine gewisse Zeit bei der Gruppe bleiben, während man über die enttäuschten Erwartungen derjenigen, die nach den ersten Malen wieder wegbleiben, nichts erfährt. Meines Wissens spielt bei letzteren insbesondere ein gruppendynamischer Streß (»Gruppendruck«) infolge mangelnder Anpassung an das Pädithen-Syndrom eine Rolle. Wenn dagegen 24 % der eingelebten Pädithen das Geschehen manchmal auch als ein bißchen Zeitverschwendung erleben, dann nicht wegen der Gruppe als solcher, sondern so gut wie ausschließlich wegen des »Organisationskrams« oder einer Art gruppendynamischer Ungeduld, wenn einmal »zuviel Larifari gequatscht« wird oder einzelne Mitglieder »zuviel Zeit und Zuwendung für sich beanspruchen«. Mit den Knappheiten der Zeit- und Zuwendungsökonomie ist eben nicht zu spaßen.

Der glückliche Befund dürfte daher rühren, daß die schon erläuterten Motive, in einer Gruppe mitzumachen, und die tatsächlich erlebten Wirkungen, hochgradig übereinstimmen. Zu 57 % hilft die Gruppe, das eigene Problem besser zu bewältigen und verlorene Selbstachtung wiederzugewinnen, etwa »zu erfahren, daß man auch mit einer schweren Krankheit ein erfülltes

Leben führen kann«, daß man »gelassener und zufriedener sein Schicksal akzeptiert«, daß man seine »fürchterlichen Ängste besser im Griff« hat, daß man »trocken bleibt« usw. Zu 54 % hilft die Gruppe durch Geselligkeit und Geborgenheit, »die Einsamkeit vertreiben« und »gemeinsam was unternehmen«. Zu 33 % schließlich gibt die Gruppe aufmüpfiges Bürgerrechts- und Selbstbewußtsein, etwa »mehr Selbstsicherheit im Umgang mit Ärzten« oder »praktische Informationen über Rechte, die mir zustehen«, über »zuständige Behörden« und »alternative Heilmethoden«[12].

Bei 82 % der Mitglieder ist die Wirkung so stark, daß sie sagen, die Teilnahme an der Selbsthilfegruppe hat ihr Leben verändert. Für nicht wenige hat ihr Leben überhaupt erst »wieder einen Sinn« bekommen, sie »sehen die Welt mit anderen Augen«, haben »eine viel bessere Einstellung zu mir und anderen gefunden«, sie »schweigen nicht mehr nur« und »haben keine Langeweile mehr«, sie haben »neue interessante Aufgaben« und ihren »Lebenshorizont erweitert«. Die enorme seelsorgerische Leistung der Gruppen springt ins Auge.

Gewiß kommen die depeorativ-meliorativen Segnungen nur denen zugute, die den Weg in die Gruppe finden. Wer das dafür nötige Maß an verbliebener Gesundheit und Soziabilität nicht aufbringt, dem kann selbst die Selbsthilfegruppe nicht helfen. »Die, die's wirklich am nötigsten hätten«, sagte eine Frau aus einer Altengruppe, »an die kommen wir überhaupt nicht ran«.

Nicht nur die Mitglieder, auch ihre Angehörigen, soweit vorhanden, profitieren von der Gruppe. Von »besseren Beziehungen« berichten 44 %. Typische Äußerungen lauten: »Meine Familie ist jetzt wunderbar, alle akzeptieren mich«; »Alte Freundschaften sind abgebrochen, neue haben sich entwickelt«; »Ich baue Kontakte, die mir nichts bringen, ab«; »Mein Partner freut sich mit mir«. 33 % gewinnen gegenüber Angehörigen mehr Selbständigkeit und Selbstbewußtsein: »Meine Leutchen werden jetzt etwas von mir ›vernachlässigt‹«; »Ich bin nicht mehr so abhängig von zu Hause«; »Ich setze jetzt mal auch berechtigte eigene Ansprüche in der Familie durch«; »Ich kann mich besser durchsetzen«. Bei 23 % hat sich die Wohn- und Lebenssituation überhaupt grundlegend verändert. Sie sind »von zu Hause weggezogen«, sonst »umgezogen« oder haben »in der Gruppe einen neuen Ehepartner gefunden«.

Nun können derart ausgeprägte Wirkungen wohl nur entstehen, wenn die Bindung an die Gruppe, zumindest zeitweise, entsprechend ausgeprägt ist. Es erhebt sich deshalb die Frage, ob die Gruppenselbsthilfe in Wirklichkeit nicht eine neue Form des Betreutseins und Abhängigseins bewirkt. Bei einer der ersten und radikalsten der neueren Selbsthilfegruppen, dem Heidelberger Sozialistischen Patientenkollektiv 1968/69, wurden über Nacht die grauesten Mäuschen in forsch auftretende Weltverbesserer verwandelt. Sie schlugen einem mit der Bemerkung »Weißt du denn nicht, daß du damit das System reproduzierst!?« die Zigarette aus dem Mund. In Wirklichkeit aber bestand das neue Selbstbewußtsein in reinster Ich-Inflation. Sobald die Gruppe zerfiel, fielen die Leute in ihre früheren Befindlichkeiten zurück. Nun ist dieses jakobinisch-totalitäre Wohlfahrtskollektiv sicherlich eine untypische Ausnahme geblieben. Selbsthilfegruppen wirken tatsächlich nicht wie Sekten. Sie sind nicht die »Droge anstatt«. Dennoch wird man zumindest milde Formen der Abhängigkeit in einer Vielzahl von Fällen einräumen müssen.

Nur 32% glauben, auch ohne die Gruppe auskommen zu können, während 40% fürchten, ein bißchen oder auch ein bißchen mehr in eine Krise zu geraten, und 28% in eine »ernste Krise«. In dieser könnte es »zum großen Knall« kommen, sie würden »in ein Loch fallen«, es sei »nicht auszudenken«, sie würden »sofort verzweifeln und wieder krank werden«, sie würden sich »leer fühlen« und »rückfällig werden«, den »Halt verlieren, den die Gruppe gibt« und deshalb in »Perspektivelosigkeit und Isolation« verfallen.

Wenn auch nicht derart ausgeprägt, würden 83% die Gruppe doch spürbar vermissen. Darunter sind 14%, die es bedauernd hinnehmen würden (»Das Leben geht weiter«), und nochmals 14%, die sofort eine andere Gruppe aufsuchen oder aufmachen würden. Nur 8% sagen etwas wie »Ich hätte die Gruppe bald sowieso nicht mehr gebraucht, aber es ist gut zu wissen, daß sie als Anlaufstelle da ist«; »ich würde jetzt auch mit normalen

Leuten auskommen«; und 3% äußern etwas in der Art »ich wollte eh aussteigen«, »endlich hätte ich dann mal wieder Zeit«.

Das Ringen um »Autonomie«, »Selbststärke« usw. ist tatsächlich nur ein anderer Ausdruck der sich hier abzeichnenden Abhängigkeit und Schwäche – allerdings, das sollte man dabei nie übersehen, ein Ausdruck der Gesundung bzw. Besserung. Es handelt sich ja überwiegend um Menschen in besonderen, prekären Lebenslagen; und um diese zu überwinden oder zu meistern, ist eine vorübergehende Abhängigkeit meist normal und notwendig. Das ist sozusagen eine therapeutische Trivialität. Der wichtigste Grund, die Gruppe nach einer mehr oder weniger langen Zeit wieder zu verlassen, ist denn auch der, daß man ihre Dienste nicht mehr braucht. Sie hat ihre depeorativ-meliorative Schuldigkeit getan und man kann gehen.

Die Frage der Abhängigkeit stellt sich allerdings nicht nur hinsichtlich der einzelnen Mitglieder, sondern auch umgekehrt: hinsichtlich der Gruppe, ihren professionellen Betreuern und der offiziellen »Versorgungssysteme« überhaupt. So bestand z. B. schon auf der 49. Gesundheitsministerkonferenz von 1982 die Meinung, die Betreuung der Psychiatriepatienten sei ohne Selbsthilfegruppen nicht mehr zu gewährleisten. Auch die Gruppen auf anderen Gebieten sind sich ihrer fachlichen und sozialintegrativen Leistungen sehr bewußt. Sie beziehen daraus einen nicht geringen Teil ihres Selbstbewußtseins: »Wenn es all die Gruppen nicht gäbe, wär hier das große Chaos in der Stadt. Irgendwie ham hier sowieso alle ne Meise, und der Senat und die könnten das alles gar nicht aufbringen, was dann nötig wäre, was passieren würde wenn es uns nicht gäbe«.

Die (para-)professionellen Kräfte in den Gruppen sehen das ähnlich, obgleich sie sich etwas zurückhaltender geben. Praktisch alle finden ihre Arbeit »sinnvoll«, und zwei Drittel von ihnen finden sie außerdem auch »wirkungsvoll« und »persönlich befriedigend«. Gemessen wird das allerdings an einem komplexen Muster schwer objektivierbarer Kriterien, bei denen man nicht recht weiß, ob da nun eine besonders diffizile Qualifikation oder überhaupt keine dahintersteht. Ein Viertel der (para-)professionellen Kräfte gibt an, schlicht über »keine Kriterien« zu verfügen. Bei den anderen kristallisieren sich folgende Erfolgskriterien (in der Reihenfolge abnehmenden Gewichts) heraus:

- Rückmeldungen (Lob und Tadel) der Gruppenmitglieder,
- eigene Erfahrungen und gefühlsmäßiges Wissen um die Probleme,
- regelmäßige Anwesenheit der Leute und Stabilität der Gruppenzusammensetzung,
- bleibende Veränderung und Stabilisierung der Gruppenmitglieder,
- Bekanntheitsgrad und Akzeptanz im Kiez und der Öffentlichkeit im weiteren,
- Zuwachs durch neue Leute und neue Gruppen,
- Erfolgserlebnisse gegenüber Behörden, Ärzten u. ä. (Anträge durchbringen, Ansprüche durchsetzen),
- ihr eigenes Wohlbefinden.

Einen rationalistischen Theoretiker wird das schwerlich befriedigen, den Praktiker durchaus:

* Ein Projekt im Bereich Psychiatrie/geistig Behinderte führt Maßnahmen der beruflichen Rehabilitation durch (»Arbeitstraining«). Die Abbrecherquote liegt hier in den ersten 3 Monaten bei 20%, danach praktisch bei Null. Sonst beträgt sie jederzeit 30%. »Unsere Leute sind fit«, sagt der Leiter, »die kriegen später über die Behindertenvermittlung auch Arbeit. Wir wollen das Training durchführen wie auf normalen Arbeitsplätzen zu kleinbetrieblichen Bedingungen«.
* In den Alkoholiker-Selbsthilfegruppen bleiben, je nach Gruppe, 50–70% der Mitglieder langfristig »trocken«. So hoch ist sonst eher die Rückfallquote.
* Ohne die Krebsgruppen gingen die Patienten viel öfter ins Krankenhaus, würden wieder mehr Untersuchungen durchführen lassen und mehr Medikamente nehmen. Patienten solcher Gruppen können früher aus dem Krankenhaus entlassen werden, und sie drängen z. B. darauf, auch freitags entlassen zu werden, und nicht immer montags, damit übers Wochenende die Bettenbelegung »stimmt«.
* Behinderte erreichten durch ihre Interessenorganisation eine dauerhafte Verbesserung der Fahr- und Schiebedienste.
* Die Grauen Panther setzen unablässig Rechtsansprüche in

Heimen, gegenüber Angehörigen oder gegenüber Rententrägern, Krankenkassen oder Sozialamt durch.

* Die Beratungsdienste der Gruppen werden so gebraucht, daß sie von 2500–4000 Telefonberatungen jährlich berichten können.
* Die Gruppen, welche die Anti-Aids-Kampagnen betreiben, glauben belegen zu können, daß sich durch ihre Aufklärungsarbeit die Beschleunigung der Ansteckungshäufigkeit bereits verlangsamt habe.
* Ausländergruppen betreuen ein Umfeld von 600–700 Familien mit insgesamt 2000–3000 Angehörigen und sind für diese »unentbehrlich geworden«.

Die Erfolgs- und Leistungsbilanz der meisten Gruppen kann sich also sehen lassen.

Entwicklungsdynamik zur Institutionalisierung der Selbsthilfegruppen

Pioniere und Führungspersönlichkeiten

Was befähigt die Gruppen, solche beträchtlichen Wirkungen zu erzielen? Einem verbreiteten Mythos zufolge ist es »die Gruppe« als solche – ein segensreiches Magnetfeld namens »Kollektiv«, das sich »spontan und autonom« aus dem Nichts heraus bildet und dann für alles gut ist. In Wirklichkeit spricht wenig für den Mythos Gruppe, aber umsomehr dafür, daß Bestand und Wirkung einer Gruppe von der Existenz einiger hervorragender Persönlichkeiten abhängen. Auf diese Pionier- und Führungspersönlichkeiten bleiben die meisten Gruppenmitglieder zeit ihrer Mitgliedschaft angewiesen. Entbehrlich werden diese Persönlichkeiten, wenn überhaupt, erst im Zustand fortgeschrittener Bürokratisierung und Verbetrieblichung eines Projektes.

Es ist zunächst zwar richtig, daß erst 22 % der heute bestehenden Gruppen fremdinitiiert sind. Das heißt, sie wurden auf Beschluß z. B. eines sozialpsychiatrischen Dienstes, der Sozialverwaltung, des diakonischen Werkes oder eines Gemeindekirchenrats ins Leben gerufen. Jemand wurde beauftragt, das zu machen.

78 % dagegen sind selbstinitiiert in dem Sinne, daß die Initiative ursprünglich einmal von Betroffenen ausging. Aber um »selbstaktive Felder« handelt es sich deshalb noch lange nicht. Denn bei nur 17 % der Gruppen lassen sich keine klaren Pioniere ausmachen, bei 61 % aber handelt es sich um die Initiative einer einzelnen Person oder eines dynamischen Gespanns von zwei, seltener auch drei Personen.

Weithin bekannt ist ja Frau Trude Unruh, die ihrem motorischen Namen durch die Gründung und Expansion der Grauen Panther alle Ehre macht.

Auf andere Weise typisch ist auch die Geschichte des Verbandes Alleinerziehender Mütter und Väter. Es handelte sich dabei vor 20 Jahren um die Initiative einer ledigen Studienrätin, die als Mutter selbst von Diskriminierungen betroffen war. Sie suchte andere mit gleichem Schicksal und gründete den »Verein für ledige Frauen«, über den sich dazumal noch sämtliche Lokalredaktionen als einen Club gefallener Mädchen lustig machten. Aber offenbar bestand ein solcher Bedarf für Frauen, die es satt hatten, eines unehelichen Kindes wegen scheel angesehen zu werden. Das Beispiel machte Schule. Es entstanden immer mehr Orts- und Bezirks-, dann Landesverbände und schließlich der Bundesverband. Dabei wurde auch das Betroffenheitsfeld erweitert – erst kamen geschiedene Frauen dazu, dann auch Männer, dann Männer wie Frauen, die mit ihren Kindern in »wilden Ehen« oder »Wohngemeinschaften« zusammenleben. So wurde aus dem Verband der ledigen Mütter über die Stufe der Alleinerziehenden beiderlei Geschlechts eine allgemeine Emanzipationsgesellschaft für irgendwie Anderslebende. Dabei traten an die Seite der Gründerin immer wieder neue Gründerinnen, die andernorts neue Gruppen aufmachten oder in schon bestehende frischen Wind brachten.

Bezeichnend auch die Genealogie der Berliner Gruppen »Frauen nach Krebs«. Die erste dieser Gruppen wurde von einer selbst nicht betroffenen Stationsschwester gegründet. Daraus gingen zwei starke Frauenpersönlichkeiten mit eigenen Gruppengründungen hervor, die nun ihrerseits versuchen, die Stafette an neue Leiterinnen in neuen Gruppen weiterzugeben. Da geht es ein bißchen zu wie bei der Gründung der High-Tech-Firmen in Silicon Valley.

Bei der Gründung von Jugendausbildungsprojekten am Bau haben sich etliche Architekten mit Alternativambitionen hervorgetan. Sie wuchsen allmählich in die Rolle von Sozialunternehmern und Supersozialarbeitern hinein. Das sind übrigens die Leute, die sich mit der Verwaltung und ihrer »Staatsknete« am wenigsten schwer tun, und schon einmal an sie herangehen wie an eine gestopfte Weihnachtsgans, aus der, wenn man sie nur an der richtigen Stelle tranchiert, alles Begehrte herauskullert. Ähnlich, wenn auch nicht gleich im Rahmen millionenschwerer Projekte, entwickelte sich der ein oder andere ursprünglich berufslose Trinker oder »Fixer« durch Gründung einer Gruppe erst zum faktischen, später dann auch förmlich beschäftigten Sozialarbeiter und Projektmanager. Ein wieder anderes Gemeinwesenprojekt entstand dadurch, daß eine Gruppe von drei politisch engagierten Wohngemeinschaftsmitgliedern – ein Sozialarbeiter und zwei Studentinnen der Sozialpädagogik – im Zuge ihrer Diplomarbeit den Wunsch verspürten, ihre Theorien auch praktisch werden zu lassen.

Der Beispiele wären noch viele. Betrachtet man sie in zeitlicher Reihenfolge, tritt eine bestimmte Tendenz hervor: Diese Tendenz geht von ursprünglich reinen Basis- oder Betroffenengründungen zu immer mehr professionell und bürokratisch induzierten Gründungen. Heute sind nur noch 46 % der festen Kräfte in den Projekten selbst Betroffene[1]. Mit Pionieren und Führungspersönlichkeiten hat man es dabei allerdings nach wie vor zu tun.

89 % der Gruppen weisen eine ausgeprägte Führungsstruktur auf, davon bei 41 % noch eher informell und damit stark an Personen gebunden, bei 48 % schon auch formell und explizit. Nur in 11 % der Projekte blieb die Führungsstruktur unkenntlich. Auch dort wird es eine solche geben. So sagte ein aus der 68er-Bewegung kommender Gruppenleiter: »Ich bin allergisch gegen das Wort ›Leiter‹«, während ein wohlgeleitetes Gruppenmitglied erklärte: »Wir sind ja selbstverwaltet, aber bei uns, da macht die Leiterin genau was wir wollen, und deshalb ist diese Leiterin gut«.

Tatsächlich bei 83 % der Gruppen (bei 49 % heute noch, bei 34 % früher einmal) findet man mühelos jene typischen »Macher«, jene typische »Gruppenmutter« oder »Mädchen für alles«, oder das typische »Zweiergespann«. Ohne sie »läuft nichts«, mit ihnen »steht und fällt unser Laden«. Von 64 % der Gruppenmitglieder wird dieser Sachverhalt grundsätzlich gutgeheißen: »Unsere W. macht alles. Sie ist unser Oberhaupt, die Gruppenmutter« (eine Aussage, die allgemeine Fröhlichkeit auslöste). Oder: »E. ist sozusagen unser Sekretär und bei ihm zu Hause ist praktisch die Geschäftsstelle. Da läuft alles zusammen. Wir sind froh, daß er und seine Frau das alles machen«; »Wenn sie (Frau T.) einmal krank wird, was sich ja von Zeit zu Zeit nicht vermeiden läßt, sieht's hier schlecht aus. Da läuft gar nichts mehr, bis sie wieder alle anruft«.

Aufschlußreich ist wiederum die berufliche Herkunft dieser Persönlichkeiten. Sie kommen zu 56 % aus Sozialberufen, zu 14 % aus medizinischen Berufen und zu 14 % aus Kunst- und Kulturberufen (inclusive Lehrer) – macht zusammen ein 79prozentiges tertiäres Milieu. Noch verwandt damit sind die ebenfalls anzutreffenden 14 % Rechtsanwälte oder Verwaltungsleute, in der definitiven Minderheit dagegen die 7 % Handwerker, Kneipiers u. a., zu schweigen von den Naturwissenschaftlern und Technikern, die ja, wie erläutert, nicht vorkommen.

Verbetrieblichung und Bürokratisierung

Durch das in den Selbsthilfegruppen allgemein herrschende Pädithensyndrom, zweitens durch die fachlichen Dispositionen der dominierenden Führungspersönlichkeiten, drittens durch die problem- und persönlichkeitsspezifischen Abhängigkeiten der Gruppenmitglieder und viertens durch zusätzliche depeorativ-meliorative Erwartungen, die von außen an die Gruppen herangetragen werden, ist ihre weitere Entwicklungsdynamik vorgezeichnet. Diese Entwicklungsdynamik geht, wie die früherer Selbsthilfeinitiativen, in Richtung Professionalisierung, Institutionalisierung, Verbetrieblichung, Bürokratisierung.

Das zitierte »Transformationsgesetz« nach Franz Oppenheimer aus dem Jahr 1896 läßt sich heute sinngemäß so formulieren: Nur selten gelangen Selbsthilfegruppen zu dauerhafter Entfaltung, wo sie dies aber tun, hören sie auf, Selbsthilfegruppen zu sein[2]. Es gibt hiervon Ausnahmen wie die Anonymen Alkoholiker, und scheinbare Ausnahmen, wie Synanon – scheinbar, weil es bei Synanon zwar keine reguläre Bezahlung gibt, die Organisation aber, schon aufgrund ihres beachtlichen Größenwachstums, voll durchrationalisiert, förmlich verwaltet und faktisch professionalisiert ist. In beiden Ausnahmefällen haben wir es nicht zufällig mit Gruppen zu tun, deren Anliegen so gut wie ausschließlich in *Selbsthilfe aus eigener starker Betroffenheit* besteht. Solche Gruppen können tatsächlich auch auf Dauer sich selbst genügen, und die Gruppenmitglieder und das Projekt werden eine Einheit bleiben und nicht institutionell auseinandertreten. Die meisten anderen Selbsthilfegruppen aber, schlußfolgert auch Ph. Herder-Dorneich, »erweisen sich als Übergangsstadium einer sozialen Einrichtung entweder zum Zerfall oder zur Großorganisation. Frustration, Enttäuschung, Apathie ist die notwendige Folge dieses Erlebnisses für die Individuen. Dieses Übergangsstadium so schnell als möglich zu überwinden und in die Organisationsebene aufzusteigen, ist das notwendige Streben der Funktionäre, die die Selbsthilfegruppe durch ihre Aktivität tragen«[3]. In einer Studie kam R. Rosenbrock schon 1983 zu dem Ergebnis, »der Prozeß der Verbetrieblichung von Gruppen aus der Alternativ- und Selbsthilfebewegung hat eingesetzt und gewinnt an Tempo«[4].

Manche Autoren beschreiben den Institutionalisierungsprozeß als Abfolge von bestimmten drei, vier oder fünf Phasen[5]. Man kennt solche Modelle ja auch aus Theorien der unternehmerischen Organisationsentwicklung, einschließlich dem Unhappy End der Pionierkrankheit. Diese Pionierkrankheit kann bewirken, daß schöpferische Gründer ihre Schöpfungen wieder zunichte machen, weil sie nicht einsehen mögen, daß diese ein Eigenleben entfalten und sich ab einer bestimmten Größe und Komplexität von ihnen zu lösen beginnen, notwendigerweise, eben um unabhängig auf Dauer gestellt zu sein. Dies ist das Wesentliche jeder Institutionalisierung.

Die Wege, die dahin führen, sind im einzelnen indes allzu vielfältig, um sie in ein abstraktes Schema zu pressen. Es genügt, die große Tendenz zu wissen: von informellen und persongebundenen Gruppenprozessen, zu förmlichen und personunabhängigen Organisationsprozessen; von Kontakten »nur untereinander« zu vielfältigen, auch förmlichen Außenkontakten, insbesondere auch zu fachlichen und politischen Institutionen; von unbedingter Identifikation (»euphorisch-heroische Phase«) zu auch kritischer Distanz; von rein ehrenamtlicher zu hauptamtlicher, vertraglich geregelter Arbeit; von der improvisierten Finanzierung aus Privatmitteln zur systematischen Budgetplanung, hierzulande gern auch mit einem quasi-naturwüchsigen Trieb verbunden, in den Stand einer staatlichen oder parastaatlichen Dauerförderung, und schließlich in reguläre Haushaltsplanstellen erhoben zu werden.

Man mag darüber debattieren, ob dieser Prozeß der Institutionalisierung als »Entartung«, »Sinnverdünnung« oder »negative Bürokratisierung« zu bedauern oder als positive Bestandssicherung zu begrüßen ist[6]. Das kommt wohl doch auf das betreffende Projekt im einzelnen an. Grundsätzlich dürfte der Vorgang in einer nicht erstarrten, sich allgemein noch entwickelnden Gesellschaft normal und notwendig sein.

Am Beginn steht normalerweise die notarielle Eintragung als Verein. 69 % der Gruppen sind »e. V.«. (23 % haben noch kein förmliches Statut; 6 % befinden sich von vornherein in der Trägerschaft des Diakonischen Werks, der Arbeiterwohlfahrt oder des Deutschen Paritätischen Wohlfahrtsverbandes, während weitere 2 % Bezirksämtern oder Senatsstellen zugehören). Als »e. V.« werden die Gruppen, wie es im Amtsdeutsch heißt, zu »kleinen freien Trägern« der Wohlfahrtspflege, im Unterschied zu den schon etablierten Wohlfahrtsverbänden, den großen freien Trägern. In diesem Sinne fügen sie sich dem bestehenden System *nicht ein*, sondern lagern sich ihm *an*. So ist man zwar ein neues Stück vom Alten, muß sich aber nicht sagen, man habe sich »integrieren« lassen. Aus der Sicht der Großrauminstitutionen bilden die neuen, kleinen freien Träger den vorläufig äußersten Rand des intermediären Asteroidengürtels ihres Einzugsbereiches; und daß sie aus der Sicht der Betroffenen den nächstliegenden bilden, steht dazu in vollkommener Ergänzung.

Mit der Vereinsgründung wird eine (meist schon vorhandene) Rollen- und Arbeitsteilung festgeschrieben. Es schlägt die Stunde der »alternativen Geschäftsführer«. Sie erfüllen Fach-, Verwaltungs- und Repräsentationsfunktionen zugleich. Bei ihnen laufen die Fäden zusammen. Sie sitzen am Telefon, beraten Leute, betreuen Personen, werden bei Ämtern vorstellig, schreiben Anträge und Selbstdarstellungen, machen Hausbesuche, geben Nachhilfeunterricht, führen Besucher herum, erarbeiten Konzeptionen, schreiben Rundbriefe, organisieren Treffen, sie kümmern sich um Kasse, Konto und Tageskladde, sie putzen, kochen Kaffee und kaufen Kekse. Erst auf einer vergleichsweise fortgeschrittenen Stufe werden Verwaltungs- und Fachfunktionen getrennt. 64% der festen Kräfte, die heute in Selbsthilfegruppen arbeiten, erfüllen noch alle diese Funktionen mehr oder minder vermischt; immerhin 27% stehen in reiner Management- und Verwaltungsfunktion, 9% in ausschließlich fachlicher Funktion.

Wenngleich die Funktionsgewalten in den Gruppen noch nicht immer klar geteilt sind, ihre alternative Ordnung haben die Dinge schon. Chaotisch geht es hier längst nicht mehr zu. Auf die Frage, ob aus betrieblich-organisatorischer Sicht der Laden bei ihnen klappt, antworten 85% der Mitglieder mit einem klipp und klaren Ja; nur 4% mit teils-teils, nur 1% mit Nein. Das war auch praktisch zu erleben. Auf das Anschreiben, in dem die Gruppen um ihre Mitwirkung bei der Untersuchung gebeten wurden, die diesem Buche zugrunde liegt, kamen auch Briefe der folgenden amtsdeutschen Art:

> Betr.: Studie Wirkung von Selbsthilfegruppen
> Hier: Ihr Schreiben vom 3.6.86
> Sehr geehrter Herr,
> da wir als regelfinanzierte Sozialstation nicht mehr zu den Selbsthilfegruppen zählen, sehen wir keinen Grund zu einem Gespräch über die Wirkung von Selbsthilfegruppen.
> Mit freundlichen Grüßen...

Betr.: Ihr Schreiben vom 29.5.1986

> Sehr geehrter Herr,
> wir haben Ihr Schreiben erhalten und bitten sie um Zusendung derjenigen Konzeption, die Sie beim Senat eingereicht haben.
> In einer angemessenen Frist nach Erhalt der Konzeption werden wir uns wieder mit Ihnen in Verbindung setzen.
> Mit freundlichen Grüßen...
> (Das gewünschte Forschungskonzept wurde ihnen daraufhin zugeschickt. Antwort:)
> Sehr geehrter Herr,
> durch ein Versehen haben Sie uns nur die ersten vier Seiten Ihrer Konzeption zugesandt. Wir bitten um Nachreichung des Restes.
> Mit freundlichen Grüßen...

Diese Bitte wurde häufiger geäußert, und auch erfüllt. Das Forschungsexposé ging dann auf dem alternativen Dienstweg ins jeweilige Gruppenplenum. Dieser Vorgang dauerte in der Regel vier bis sechs Wochen und endete nicht selten mit einem negativen Bescheid (siehe Kapitel zur Methodik). Der Bescheid selbst wurde so gut wie nie begründet. Statt dessen sagten die jeweiligen Ansprechpersonen Dinge wie: »Das Plenum hat beschlossen...«; »Das ist der Plenumsbeschluß, den ich mitzuteilen habe«. War die Person etwas aufgeschlossener, kam dabei heraus: »Du hast dem AK Staatsknete keinen Brief geschickt. Das ist aber praktisch unsere Gewerkschaft, die man nicht einfach übergehen kann. Deshalb ist da beschlossen worden, daß...«. Die Basisdemokratie im kleinen Netz ist hier schon zur Basisbürokratie im kleinen mutiert, bei der große und kleine Selbsthelfer begonnen haben, ihre Selbstverantwortung abzuliefern.

In einem anderen Fall sollte nach einem Gespräch die letzte Jahresbilanz eines Vereins noch zugeschickt werden. Auf telefonische Nachfrage einige Wochen später antwortete eine sehr freundliche Dame: »M. N., die bei uns dafür zuständig ist, ist gerade in Kur. Sie müssen sich noch ein bißchen gedulden«. Nachfrage: »Aber die Jahresbilanzen liegen doch vor.« – »Ja, wir haben hier auch einen Ordner, da sind noch Kopien drin.« – »Dann geben Sie mir doch eine davon.« – »Nein, das fällt nicht in meine Zuständigkeit, wir haben hier feste Zuständigkeitsbereiche. Aber ich werde einen Vermerk machen und dick unterstreichen.« Das nenne ich ebenso freundliche wie kleinbürokratische Hilfsbereitschaft. Was bleibt einem da übrig, als Geduld aufzubringen und die Dinge zu nehmen, wie sie nun einmal daherkommen. Im Eingangskorridor des Gebäudes, in dem jenes Projekt zusammen mit mehreren anderen residiert, war bei anderer Gelegenheit auf der täglichen Hinweistafel zu lesen »Heute in der Kantine: Kasseler Kamm, Sauerkraut und Salzkartoffeln – DM 5,10.«

Professionalisierung: Neue Helfer, neue Dienste, neue Klientel

Beschäftigung fester Kräfte

Die Transformation in Richtung Institutionalisierung und Professionalisierung geht sicherlich nicht glatt und von alleine. Es gibt immer welche, die dahin drängen, und solche, die bremsen. Daraus erwachsen typische Gruppenkonflikte und vereinspolitische Auseinandersetzungen. Rund zwei Drittel der Projekte haben auf diese Art Fraktionierungen erlebt. Es handelt sich dabei im wesentlichen um folgende »Transformationskonflikte«:

* *politische Konflikte*, in denen es z. B. darum geht, ob man mit dem Senat kooperieren soll; ob man an früheren Idealvorstellungen festhalten soll; ob man eine radikalere oder gemäßigtere Linie einschlagen soll.
* *Verbetrieblichungs- und Professionalisierungskonflikte*, in denen es z. B. darum geht, wie weit Arbeitsteilungen gehen sollen; ob bezahlte Kräfte wofür und zu welchen Bedingungen beschäftigt werden sollen; ob ein fester Beratungsdienst eingerichtet werden soll; ob eine computergestützte Verwaltung eingeführt werden soll[1].
* *Statuskonflikte*, die darum kreisen, ob man als Kraft in fester Funktion »etwas besseres« ist oder nicht; ob die Personen in den jeweiligen Fach- oder Verwaltungsfunktionen akzeptiert werden u. ä.

Der weiterführende Ausgang dieser Konflikte ist, aus besagten Gründen, zugunsten der »Transformation« vorgezeichnet. Wird der Konflikt nicht in diesem Sinne entschieden, folgt daraus, schneller oder langsamer, erst Stagnation und später Verfall. Gruppen, die den Weg der Transformation nicht mitgehen, geraten ins Hintertreffen.

So berichtete der Beirat, der beim Berliner Sozialsenator die

Förderentscheide trifft, besorgt über Gruppen, »die seit vielen Jahren und Jahrzehnten im wahrsten Sinne des Wortes ehrenamtlich tätig sind und meist nur über sehr geringe Mitgliedsbeiträge verfügen. Sie haben keine der heutzutage selbstverständlichen technischen Hilfsmittel und auch kein Mindestwissen über zeitgemäßes Management. Die Möglichkeit einer Stellenfinanzierung ist ihnen ebenso unbekannt wie das Stellen eines fundierten Antrages. Damit geraten sie... ins Nachsehen. Ihre Anträge sind, so sie überhaupt gestellt werden, von geradezu rührender Bescheidenheit. Der Beirat empfiehlt hier gezielte Hilfe, über die mit den benachteiligten Gruppen... gesprochen werden sollte«[2]. Kurz: Selbsthilfegruppen, die den Institutionalisierungs- und Professionalisierungsprozeß nicht durchlaufen, werden zu benachteiligten Gruppen.

In 35 % der Projekte gibt es bereits hauptamtliche Vollzeitstellen (jedoch meist nur eine, in »Großprojekten« dafür schon vier bis sieben). 56 % der Projekte haben hauptamtliche Teilzeitstellen (meistens zwei). 53 % der Gruppen ziehen Honorarkräfte heran und 12 % auch Praktikanten. Diese Dimensionen genügen bereits, um den Projektbudgets das typische Dienstleistungsprofil zu geben: Wo es bezahlte Arbeit gibt, werden durchschnittlich 79 % der Mittel für Personalkosten aufgewendet. (Davon entfallen 56 % auf feste Stellen (incl. ABM) und 23 % auf Honorarmittel).

Dennoch bedeutet das Vordringen der Hauptamtlichen nicht das Ende des ehrenamtlich-freiwilligen Engagements. So wie die etablierten Wohlfahrtsverbände weiterhin in hohem Maß ehrenamtliche Helfer einsetzen, tun das auch die neuen Selbsthilfegruppen. In 62 % der Gruppen gibt es weiterhin einen festen Kern von unbezahlten Aktiven, und 92 % geben an, in Ausnahme- und Sonderfällen jederzeit ein bis zwei Dutzend oder sogar noch mehr freiwilige unbezahlte Arbeitskräfte mobilisieren zu können. In den Berliner Selbsthilfegruppen stehen den inzwischen 1030 hauptamtlichen und 650 Honorarkräften immerhin doch noch 2100 ehrenamtlich Tätige – in regelmäßiger fester Funktion – gegenüber (vgl. dazu die Kapitel über Arbeitsmarktwirkungen und den Geldwert der Selbsthilfe). Gerade das kooperative Interventionsmodell der Selbsthilfegruppen beruht ja auf einem weitgehenden Eigeneinsatz der »Klienten«. Der Unterschied zum früheren Freiwilligenengagement besteht jedoch darin, daß nur noch in den selteneren Fällen Laienhilfe für andere geleistet wird, und stattdessen eben Selbsthilfe für sich und die eigenen Leute.

Bemerkenswert ist, daß nur in schon sehr professionalisierten Projekten Arbeitskräfte auch extern rekrutiert werden, etwa über Anzeigen oder das Arbeitsamt. Bei 24 % ist dies der Fall. Die Hälfte der bezahlten Kräfte dagegen sind eigene Leute, die zuvor für schlechteres oder gar kein Geld in etwa das gleiche taten. Ein weiteres Viertel der bezahlten Kräfte kommt durch persönliche Bekanntschaften und »Beziehungen« auf die Stellen im Projekt. Dieses hohe Maß an Selbstrekrutierung rührt ursächlich aber nicht aus dem »alternativen Filz« oder einer Vetternwirtschaft im tertiären Pädithenmilieu. Denn wahr ist, daß man in diese Aufgaben hineinwachsen muß. Niemand eignet sich dafür besser als Menschen, die außer über einschlägiges Fachwissen auch über langjährige Gruppenerfahrung verfügen. Der »Filz« entsteht gerade dadurch.

Interessant ist auch zu sehen, was die bezahlten Kräfte – seien sie nun voll- oder teilzeit, nebenberuflich oder als Honorarkraft tätig – zuvor beruflich taten. 32 % absolvierten gerade ein sozialwissenschaftliches Studium, eine Fachhochschule für Sozialarbeit, das Erzieherinnen- oder Krankenschwesterseminar u. ä., weitere 20 % waren unmittelbar zuvor in Krankenhäusern, Heimen o. ä. beschäftigt, und nochmals 16 % in vergleichbaren Alternativ- und Selbsthilfeprojekten. Man hätte beinahe drauf wetten können. Jeweils 12 % haben sich »free lance« mit Gelegenheitsarbeiten durchgeschlagen oder waren arbeitslos gemeldet. Nur 8 % waren in anderen Berufen tätig wie z. B. als Schneiderin oder Bibliothekarin.

Bezahlung und Status der festen Kräfte

Die Bezahlung der Beschäftigten orientiert sich allgemein am Bundesangestelltentarif (BAT). Hierbei sind die meisten Kräfte auf halben oder Zweidrittel-Stellen beschäftigt, und eher nach

BAT IV / V als nach BAT II bezahlt. Entsprechend niedrig fallen die Gehälter aus. Je nach Steuerklasse, Kinderzahl, Alter und Dienstalter liegen sie z. B. bei einer halben Stelle BAT IV / V monatlich zwischen 1100 – 1400 Mark netto und erreichen in den selteneren Fällen um die 2500 Mark netto bei einer vollen Stelle BAT II a. Urlaub zwischen 23 – 30 Tagen erhalten alle, bezahlte Überstunden praktisch niemand, dafür aber – zumindest theoretisch – einen Freizeitausgleich.

Die Einkommen in den heutigen Selbsthilfegruppen entsprechen damit in etwa denen in der alternativen Ökonomie überhaupt. Dort erzielten Anfang der 80er Jahre

- 26 % der Mitarbeiter bis zu 600 Mark monatlich,
- 31 % der Mitarbeiter 600 – 1200 Mark monatlich,
- 39 % der Mitarbeiter 1200 – 1800 Mark monatlich,
- 4 % der Mitarbeiter über 1800 Mark monatlich[3].

Die meisten Facharbeiter kamen in den Jahren 1984 / 85 auf 1800 bis 2000 Mark netto.

Als weitere Orientierungsgröße galt insbesondere bei den Projekten um den »AK Staatsknete« der Einheitslohn, den alle Mitarbeiter und Mitarbeiterinnen der alternativen Tageszeitung »taz« erhalten. Der »taz«-Lohn betrug bis Januar 1986 1200 Mark netto, seitdem 1400 Mark netto. Dies entspricht einem Arbeitgeberbrutto von ca. 2100 Mark.

In diesem Bezugsrahmen konnte der Senat – zur Schadenfreude der einen und zur ärgerlichen Betroffenheit der andern – 1983 festlegen: »Bei Bewilligung von Personalstellen, die den Qualifikationsmerkmalen von BATVb oder höher entsprechen, wird eine monatliche Pauschale von 2800 DM bezahlt. Damit gelten alle Kosten einschließlich der Arbeitgeberanteile als abgegolten«[4].

Da diese Stellen meistens geteilt werden – eine volle in zwei halbe, zwei volle in drei zweidrittel usw. – kommt unterm Strich nicht berauschend viel heraus. Hier beginnen die ideelle und die reelle Seite der eigenen Interessenslage einander zu beißen. Fast alle der festzustellenden ausgeprägten Unzufriedenheiten mit der Beschäftigung in Selbsthilfegruppen rühren daher. Alternativ wollte man schon sein, aber in puncto Bezahlung lieber nicht.

65 % der bezahlten Kräfte sind mit ihrer Bezahlung nicht zufrieden. Mit Abstand meistgenannt ist die Forderung nach tariflicher Bezahlung entsprechend der zertifizierten Ausbildung. Diplomanden auf BAT IVb/IIIb bei 20 oder 30 Stunden sind – gleich welcher politischen Richtung und mit oder ohne Berufserfahrung – fest davon überzeugt, ein Erbrecht auf eine volle BAT-IIa-Stelle zu haben.

In der Minderzahl sind existentielle Begründungen wie »Ich habe ein Kind. 1050 Mark sind für uns einfach nicht genug«. Ebenso in der Minderzahl sind auch substanzielle Begründungen wie »Bei meiner Erfahrung und dem vollen Einsatz, den ich hier bringe, hätte ich mehr verdient, bestimmt 2000 netto statt bloß 1200«; oder »Für die Fülle der organisatorischen und inhaltlichen Anforderungen bin ich einfach unterbezahlt. Das nagt an der Motivation«. Man muß dazu wissen, daß die faktisch geleistete Realarbeitszeit durchschnittlich 25 % über der nominellen Regelarbeitszeit liegt. Auch bei den Ehrenamtlichen beträgt sie 12–20 Std. wöchentlich.

Wieder anders sieht es eine der sehr bescheiden vergüteten Honorarkräfte. Diese bekommen etwa von den Volkshochschulen oder den Justizvollzugsanstalten um die 30 Mark für die Doppelstunde, in seltenen und hochqualifizierten Fällen auch nur 66 Mark: »Ich spare mit meiner Arbeit den Kassen Medikamente, Krankenhausaufenthalte und teure Therapien. Dafür könnte ich sozusagen als Lastenausgleich ruhig etwas mehr bekommen«.

Übrigens sind auch die Ehrenamtlichen meist unzufrieden; entweder sie erhalten überhaupt keine Aufwandsentschädigung, oder die ungefähr 40 Mark pro Monat, die es üblicherweise gibt, reichen nicht für das Fahrgeld, den Kleinverzehr und die Besuchsmitbringsel, die ehrenamtliche Betreuungstätigkeiten nun einmal nach sich ziehen. »Die Bereitschaft zu geben«, resümiert A. Evers, »ist heute stärker mit der Erwartung verbunden, dafür auch etwas zu bekommen«[5] – u. a. angemessenere Aufwandsentschädigungen, bessere Honorare und Entgelte oder eine Anrechnung der freiwilligen Arbeit bei der Rente, z. B. als »Pflegejahr« analog dem »Babyjahr«.

Zufrieden mit der Vergütung sind nur 35 %. Diese Personen

haben entweder die tariflich ihnen zustehenden Stellen oder – auch wenn sie nicht üppig dastehen – sie stehen sich besser, als sie sonst dastehen würden: »Ich wollte nicht reich werden bei dieser Arbeit. Viele von uns haben fast überhaupt nichts zum Leben, und ich hatte vorher auch nichts«; »Man muß zufrieden sein. Ohne abgeschlossene Berufsausbildung würde ich woanders wohl noch weniger verdienen«.

Insgesamt zeigt sich ein deutliches Muster: Ob Ehrenamtliche, Honorarkräfte oder Angestellte, fast alle bräuchten oder hätten gerne eine höhere Eingruppierung bzw. Vergütung oder Entschädigung. Darüberhinaus wäre manche ehrenamtliche Kraft gerne Honorarkraft, die Honorarkräfte hätten gerne wenigstens eine halbe Stelle, und die auf halben oder Zweidrittel-Stellen hätten gerne volle Stellen. Wer einen befristeten Arbeitsvertrag hat, und das sind wiederum die meisten, hätte gern eine unbefristete Anstellung. Dem entspricht aus der Sicht der Projekte, daß sie ihre Ausstattung mit Personalstellen zu 61 % als unzureichend erachten. Scheinbar überraschend wollten nur wenige Projekte mehr Mittel für ehrenamtliche und Honorarkräfte, sei es nun für eigene oder für externe Leute. Nachfragen ergaben, daß man diese Beschäftigungsformen – außer für bestimmte Zwecke wie Putzhilfen, Supervisoren oder Rechtsberatung – als eher behelfsmäßig ansieht. Man möchte statt dessen lieber feste Stellen eingerichtet haben und auch das lieber vollzeit statt teilzeit.

Die Aktiven sehen das so: »Je belastender die Mitarbeit wird, um so eher bekommt sie einen karitativen Charakter, was als Grundlage für eine dauerhafte Mitarbeit nicht ausreicht... Bis zu welcher Grenze akzeptieren wir ehrenamtliche Arbeit zur Initiierung bestimmter Aktivitäten? Was tun wir in dem Moment, in dem wir feststellen, daß wir unbezahlt wichtige Sozialarbeit leisten, die uns so auslaugt, daß wir nicht mehr darüber nachdenken können, wie wir uns dagegen wehren, ›nützliche Idioten‹ zu sein?«[6] Der Druck in Richtung einer Verbesserung der Beschäftigungslage nimmt seit Jahren zu. Das hat nicht nur mit der Akademikerarbeitslosigkeit zu tun, sondern mehr noch damit, daß die Alternativ- und Selbsthilfeprojekte in Wirklichkeit nicht angetreten sind, um »unbezahlte Liebesdienste« zu verrichten, wie die engagierten Frauen gerne sagen, sondern um als neue Diensteleister in den tertiären Wachstumsbranchen noch etwas zu werden[7]. Für die Aktiven mit sozialberuflichem Hintergrund ist das Ehrenamt ein contre cœur einkalkuliertes Zwischenstadium, um vom Anstehen beim Arbeitsamt zur Anstellung als Hauptamtlicher zu gelangen.

Die Chancen, das zu erreichen, sind langfristig grundsätzlich gut. Denn im Unterschied zum gewerblichen Sektor der alternativen Ökonomie, wo meist Arbeiten getan werden, zu denen keine spezifische Ausbildung nötig ist, sind die Projekte im tertiären Sektor berufsfeld- und markterschließende Avantgarden. Schlechte Startbedingungen und zweitbeste Lösungen akzeptieren sie nur nolens volens. Sie tun dies aufgrund der allgemeinen Arbeitsmarktlage und aufgrund der Tatsache, daß Pioniere es nun einmal schwerer als die andern haben. Erst muß viel Kraft und Zeit investiert werden, um das Terrain überhaupt zu bereiten. Die Arbeit in der Selbsthilfegruppe zu den jetzigen Bedingungen ist für diese Personen durchweg entweder eine Lern- und Experimentier- oder eine Notsituation, in jedem Fall also eine Übergangssituation. Von daher liegt es auf der Hand, daß die neuen Helfer in den Gruppen es auf Dauer nicht nötig haben und nicht hinnehmen werden, auf einen »zweiten Arbeitsmarkt« verwiesen zu bleiben[8]. Die Unruhe in diesem Bereich wird deshalb andauern, bis die Betreffenden auch bezüglich ihres Beschäftigtenstatus voll etabliert sein werden. Die Bedingungen dafür allerdings dürften erst mit der Überwindung der gegenwärtigen Großen Stagnation der Weltwirtschaft wirklich günstig werden. Bis dahin wird das Diktat der knappen Kassen den neuen Standesinteressen der neuen Helfer zuwiderlaufen.

Vor diesem Hintergrund wird verständlich, daß nur 37 % von ihnen die Frage bejahen, ob die jetzige Tätigkeit ihren beruflichen Vorstellungen entspräche. Das könnte so mißverstanden werden, als wollten sie in dem Berufsfeld, das sie sich doch selbst gesucht haben und das zu erschließen sie im Begriff sind, nicht wirklich weitermachen. Auf Nachfrage äußern jedoch die allermeisten ein »ja schon, aber...«. Dieses »Aber« bezieht sich in erster Linie auf bessere Bezahlung und Verbesserung des Beschäftigtenstatus überhaupt.

In zweiter Linie äußert sich sodann ein bereits ausgeprägtes Fachbewußtsein. Die Neuprofessionellen haben das alternative Rotationsideal »Avanti Dilettanti, jeder macht alles!« fallengelassen. Dementsprechend haben sie längst keine Lust mehr, fachfremde Funktionen mitzuerfüllen. 71 % von ihnen fühlen sich ständig überlastet, insbesondere durch zu viel »Bürokram«, »Organisationskram« und »Senatskram«. Darum sollen sich extra Leute kümmern. Hinzugefügt wird gelegentlich: »die mehr davon verstehen«; gemeint ist: »denen es weniger Unlust bereitet«. Man kann das nachvollziehen, wenn man weiß, daß der »Bürokram« durchschnittlich 44 % der Arbeitszeit auffrißt. Als besonders lästig werden die Anträge und Verwendungskontrollen zur Senatsförderung erlebt. Tenor: »Wenn es sich wenigstens lohnen würde. Aber so viel Zeit und Arbeit für so wenig Geld!«

So bleiben für die Gruppenarbeit nur 27 %, für Beratung und Einzelbetreuung 19 % und für Versammlungen u. ä. 10 % der Arbeitszeit übrig. So sollten denn neue Stellen nach dem Wunsch der Projekte zu über 50 % reine Verwaltungsstellen sein (gegenüber einem Drittel der als zusätzlich erforderlich erklärten Stellen für rein fachliche Aufgaben, und dem Rest für gemischte Aufgaben). Angestrebt wird also eine Entlastung von Verwaltungsaufgaben zugunsten fachlicher Funktionen. Denn: »Es ist zuviel Arbeit. Mehr aktive Leute wäre toll« – bloß, woher nehmen, wenn nicht bezahlen. »Die Arbeit hier geht in Richtung psychosoziale Beratungsstelle. Die Nachfrage ist sehr groß, ständig läutet das Telefon. Und wir sind ständig überlastet und laufen den Anforderungen hinterher, ohne jemals nachzukommen«. Ähnliches steht im Jahresbericht einer Gruppe zu lesen: »Nach nunmehr drei Jahren seit der Entstehung der Selbsthilfegruppe Krebs muß gesagt werden, daß unser Anspruch der reinen Selbsthilfe nicht mehr gewährleistet ist. Die Selbsthilfegruppe Krebs ist zu einer psychosozialen Beratungsstelle mit einer professionellen Struktur geworden. Nur das Engagement im Hintergrund zeugt noch davon, daß hier Menschen arbeiten, die über ihre eigene Betroffenheit und ihr dadurch erworbenes Expertenwissen mit dem Gedanken der Selbsthilfe verwurzelt sind«[9].

Das ganze Ausmaß der bereits vollzogenen Professionalisierung wird deutlich anhand der Antworten auf die hypothetische Frage an die Gruppe »Was würde passieren, wenn Ihnen künftig erheblich weniger Mittel zur Verfügung stünden?« Ein Mitglied in einer Gesundheitsgruppe vermutete: »Zwei Drittel würden wohl aufgeben, ein Drittel weitermachen«. Der Tip stimmt. Nur 37 % derer, die ja fast alle einmal bei fast Null anfingen, würden versuchen, irgendwie durchzuhalten, noch einmal von vorne anfangen: »notfalls privat in der eigenen Wohnung«; »es vielleicht einmal bei der Kirche probieren«; »irgendwie durchziehen, es steckt schon zuviel Engagement und Energie drin«; »nochmal woanders probieren, obgleich man nicht mehr so viel Idealismus und Privatgeld reinbuttern würde wie früher«. Die andern 63 % würden das von vornherein nicht mehr tun: »Stop und aus«; »Letztlich und allmählich wohl doch zumachen, nicht sang- und klanglos, aber eben doch«; »Ehrenamtlich ginge das hier vielleicht zwei bis drei Wochen. Aber ohne Geld keine Verpflichtung, daher keine Arbeit auf Dauer«; »Wir haben hier ja monate- und jahrelang täglich viele Stunden umsonst geackert. Das würden wir nicht nochmal machen«; »Mein Idealismus ist inzwischen begrenzt. Ich mache hier alles, und wenn ich aufhöre, hört das Projekt auf«; »Wenn die Stelle wegfällt, muß der Informations- und Beratungsdienst dichtmachen. Der ehrenamtliche Idealismus ist weg«; »Wir müßten zu Hause bleiben«; »Da wär nischt mehr«.

Diesem Befund entspricht ein anderer. Bei einer angenommenen Einschränkung würden die Gruppen zuerst die unbezahlten Hilfen für andere einstellen sowie auch diverseste Kurse (meist von Honorarkräften durchgeführt) für sich. Es gäbe also keine Heim- und Knastbesuchsdienste mehr, kein Töpferkurs und keinen Bewegungs- und Körpererfahrungskurs. Aufrecht erhalten würde man dagegen, solange es nur geht, die eigenen Gesprächsgruppen im engeren Sinn *unter der Bedingung*, daß die festen Kräfte dabei bleiben und ihre Dienste weiterhin erbringen. Die Selbsthilfegruppe im engeren und reinen Sinn würde also ebenfalls zumachen. Denn auf ihre (para-)professionellen

Leiter legen die Gruppen wert; ebenso auf deren Beratungsdienst: »Unsere letzte Bastion ist das Büro mit Beratung«; »Hauptsache die Stelle bleibt und das Tagtelefon als Anlaufpunkt«. Was damit nach Meinung der Beteiligten Bestand hat, ist dies: ein professionell realisiertes Gruppen- und Beratungsangebot[10].

Es überrascht so gesehen nicht, wenn genau die Hälfte aller Gruppen die Bezeichnung »Selbsthilfegruppe« für sich schon problematisiert hat. Manche erklären freimütig, daß sie den Namen »Selbsthilfe« nur führen, weil diese Masche Konjunktur hat und es dafür Geld gibt. Sie begreifen sich schon eher als kleine Dienstleistungsinstitute, die der Sozialarbeit, psychosozialen Betreuung, Körper- und Selbsterfahrung und Lebenshilfe überhaupt dienen. Die Sorgen um den richtigen Namen und Haushaltstitel sind in diesem Fall indes nicht berechtigt. Wer sie hat, dürfte selbst noch einem herkömmlichen Verständnis verhaftet sein. Denn die neuen Dienste einerseits und die Selbsthilfe, als konstitutive Mitinitiative und Mitwirkung der Betroffenen andererseits, sind die zwei Seiten ein und derselben Medaille. Tatsächlich liegt ja doch das Neue der neuen Dienste in ihrem grundlegend veränderten Leitbild beruflichen Handelns, eben jenem, das hier das kooperative Interventionsmodell (im Unterschied zum autoritären) genannt wird.

Es geht dabei um nichts weniger als die Neubestimmung der Rolle der Experten in der wissenschaftlichen Gesellschaft. Eben deshalb ist manchen »alten« Experten in den Medizin-, Sozial- und Kulturberufen das innovative Gären der Alternativ- und Selbsthilfeprojekte so gar nicht geheuer. Es trifft sie, die mehrheitlich noch nach autoritären Mustern denken und handeln, an einer neuralgischen Stelle. »Das Ende der klassischen Aufteilung ist da, nach welcher die eine Seite Probleme hat, die andere sie deutet und löst«[11]. Denn die herkömmliche »Polarisierung in eine dominierende und eine schwache Rolle«, stellt Moeller fest, ist »Kennzeichen einer gestörten Zweierbeziehung«[12].

Das kooperative Interventionsmodell begründet sich, ebenso wie das autoritäre, wissenschaftlich-fachdisziplinär. Es entspräche lediglich einem Mißverständnis, dem antiautoritäre Bewegungsmythologen gerne aufsitzen, es ginge hier um einen »Ausstieg« aus der modernen Welt. Ganz im Gegenteil geht es um ihre weiter fortschreitende Modernisierung. Da die moderne Welt vor allem eine komplexe Welt ist, kann das Fachwissen hier nicht mehr selbstgenügsam und selbstherrlich sein. Das kooperative Modell versucht deshalb ständig, Fachborniertheiten zu entgrenzen. Es ist insofern interdisziplinär. Es versucht des weiteren, das fachlich Nötige mit dem Nützlichen und dem Alltagsleben zu verbinden, etwa indem die Resozialisierung jugendlicher Straffälliger mit ihrer Berufsausbildung auf einer echten und nützlichen Baustelle und dem Leben in einer Wohngemeinschaft verbunden wird. Insofern ist der kooperative Ansatz »multiintegrativ«[13].

Am bedeutendsten bleibt indes, daß er »ko-operativ« ist, insofern er nicht nur das Fachwissen des Experten gelten läßt, sondern sich von Beginn an auch der Erfahrung und Expertise der Betroffenen bedient. Es gilt hier, wie Kant zu seiner Zeit vielleicht gesagt haben würde, nicht nur das »Schulwissen«, sondern auch das »Weltwissen«. Beide ergänzen und korrigieren einander. Nicht die Experten, sondern die Betroffenen bestimmen letztlich ihren Entscheidungs-, Hilfs- und Handlungsbedarf[14]. Die Experten sollen beraten und Hilfsmittel an die Hand geben – Hilfsmittel, die von den Betroffenen selbst angewendet werden sollen. Der Weg geht vom stummen oder monologischen *Be*handeln zum gemeinsamen Handeln, das auf einem partnerschaftlichen Dialog zwischen Professionellen und Betroffenen beruht. Das Handeln im kooperativen Ansatz wird sowohl durch die »beratenden Helfer« als auch die »Selbsthelfer« ko-kontrolliert und ko-determiniert. Die Experten werden so, um mit Illich zu sprechen, von »disabling professionals« zu »enabling professionals«.

Wolfgang Schmidbauer hat in diesem Sinne schon vor einigen Jahren »alte Helfer« und »neue Helfer« einander gegenübergestellt (siehe nebenstehende Tabelle[15]).

Man führe sich vor Augen, daß die professionelle Intervention immer so autoritär oder kooperativ ausfallen wird, wie die Beteiligten beiderseits autoritär oder kooperativ sind. Autoritäre Helfer oder Klienten auf der einen Seite und kooperative Pädithen auf der anderen lassen sich nicht beliebig zueinander stecken.

	»alter Helfer«	»neuer Helfer«
Rolle	Eindeutig festgelegt	Variabel
Normative Ordnung	»objektiv«, rechtlich abgesichert	»subjektiv«, persönlich orientiert
Wissenschaftliche Basis	Theologie, Naturwissenschaften, Jurisprudenz, (auch empirische Sozio- und Psychologie, Verhaltenstherapie)	Psychologie, Sozialwissenschaften, Psychoanalyse
Praktisches Vorgehen	Techniken (Operation, Medikament, Sakrament), Befehle (»Sie müssen das Rauchen einstellen!«, »Sie müssen beten!«)	Einsicht vermitteln, Selbsterfahrungsprozesse einleiten, korrigierende emotionale Erfahrung
Methodische Orientierung	rational, autoritär, »Harte Daten«, z.B. Statistik, Fragebogen, Doppelblindversuch, Ursachen »erklären«	Gefühle werden einbezogen. Qualitativ-beschreibend. Fallgeschichte, Deutung, Sinnverstehen
Gesellschaftliche Etablierung	Sicher. Klare Berufstraditionen.	Unsicher. Noch unklare Berufsbilder.

Das kann nur zu Mißerfolgen führen. Das kooperative Modell ist deshalb zunächst einmal, wie Ellis Huber sagt, etwas für »kritische Experten und aufmüpfige Laien... Solche Initiativen entwickeln sich immer dort sehr stürmisch, wo kritische Experten mit selbstbewußten und emanzipationsfreudigen Laien gemeinsam tätig sind und bewußte Gegenmodelle zum bestehenden Versorgungssystem entwickeln«[16].

Auch hier wird wieder deutlich, warum Selbsthilfegruppen

zunächst auf eine recht kleine Zahl beschränkt bleiben. Die Beteiligten verlangen sich und den anderen ja nichts anderes ab, als den anstrengenden und aufreibenden Aufklärungs- und Modernisierungsprozeß der Gesellschaft fortzuführen – noch mehr (Selbst-)Erziehung und (Selbst-)Disziplin, noch mehr (Eigen-) Arbeit. Man muß sich der ganzen Tragweite seines Tuns doch unbewußt geblieben sein oder ein zweihundertprozentiger Protestant sein, um sich dafür uneingeschränkt zu begeistern.

Mit der Selbsthilfegruppe wird auch die »primäre Beziehung« zu einem sozialen Artefakt, zu einer methodischen Kulturleistung. Die Selbsthilfegruppe ist eben keine Art von »Familie«. Sie ist ein *Dienstleistungsverein auf Gegenseitigkeit*, ein *»Service Mutuel«*. (Siehe Kapitel über tertiäres Milieu und Pädithensyndrom). Das Prinzip lautet nicht »ich für dich«, auch nicht »ich für mich«, wohl aber – im Rahmen der Gruppe – »wenn und soviel jeder für mich, dann ich soviel für jeden«. Hier herrscht die Rationalität einer an bestimmte Bedingungen geknüpften und wohlkalkulierten Gesprächs-, Zuwendungs-, Zeit- und schließlich auch Geldökonomie. Wer nicht ahnt, was das bedeutet, braucht nur einmal Kontakt zu einer Frauenemanzipationsgruppe zu suchen.

Es versteht sich, daß das kooperative Modell zugleich ein sehr konfliktreiches Modell zu sein pflegt. Das autoritäre Modell war da einfacher und robuster. Denn im autoritären Modell hat alles seine feste Ordnung und jeder an seinem Platz zu sein. Konflikte sind daher die Ausnahme in dieser quasi prästabilierten Ordnung. Diesem noch quasi feudalen und ständischen Modell stellen die neuen Helfer und Selbsthilfegruppen nun das demokratische Marktmodell der psychosozialen Arbeit gegenüber, insbesondere in Form der *Gruppenarbeit* als der *Hauptform*, in der psychosoziale Dienste geleistet werden. Da muß jeder der »Dienstverträge auf Gegenseitigkeit« erst ausgehandelt und immer neuverhandelt werden. Kein Wunder, wenn es in diesen »Beziehungskisten« in einem fort rumort.

Vorläufig sind ja noch nicht einmal grundlegende Dinge wirklich geklärt. Der Arzt z. B. hieß »Herr Doktor« oder »Onkel Doktor«. Wie heißt ein neuer Helfer? Profi, Experte, Therapeut, Leiter, Berater, Betreuer, Sprecher, Koordinator, Coach,

Moderator, Animateur, Aktivist, Funktionär, Kader, oder wie? Die »Ehrenamtlichen« wiederum wollen dies mehrheitlich ja nicht bleiben, und zu Recht wurde gesagt, daß sie es vielleicht zwar als »Ehrensache« nehmen, daß sie aber »nicht aus einem ständisch überlieferten Ehrbegriff heraus wie z. B. als Vormund, Schöffe oder Amtspfleger« tätig sind[17].

Und die einfachen Gruppenmitglieder ohne feste Funktion? Bevor sie in die Gruppe gingen, waren sie Patient, Kunde oder Klient. Vorläufig heißen sie »Betroffene«. Aber der Widerstand der Betroffenen beginnt sich schon zu rühren, und zwar aus einer Mischung aus Überdruß und der Ahnung, daß man damit ein Stigma eher stärkt als schwächt: Der Begriff des »Betroffenen« wird von einem Kampfbegriff der Betroffenen zu einem Sortier- und Selektionsbegriff der Professionellen; und als »betroffen« wird potentiell alles und jeder zum behandlungsbedürftigen Problem und Interventionsanlaß. »Steht«, fragt Peter Gross, »die zunehmende Zahl an dienstleistenden Berufen, an medizinischem Personal und an Ärzten, steht sie nicht für eine zunehmende Pathogenität der modernen Gesellschaft?«[18]. Wieder erscheint die Goethesche Dystopie vom »allgemeinen Krankenhaus« am Horizont. Und wieder stellt sich die keineswegs akademische Frage, ob die kreativen Regressionen der Alternativbewegung nicht ein Ausholen zu umso größeren Fortschritts- und Modernisierungssprüngen bedeuten.

Neue Dienste und neue Klientel

Das kooperative Modell verlangt Menschen, die nach Selbstverantwortung und Emanzipation streben. Aber überall, wo sich der »neue Mensch« in uns fordert und oft auch überfordert, wird der »alte« bockig. Das mündige, ich-starke und selbstbeherrschte Progressionsstreben ist weiß Gott nicht jedermanns Sache. Erst recht nicht in Selbsthilfegruppen, wo der Anteil der nicht so starken und nicht so gesunden »Problempersonen« ja deutlich hoch ist. Hier gerät das kooperative Modell in einen Widerspruch: Es ist in Wahrheit für Starke und in Wirklichkeit für Schwache. Die milden Formen neuer

Abhängigkeit der Mitglieder von der Gruppe wurden im Kapitel über die persönlichen Wirkungen der Selbsthilfegruppen erläutert.

Stimmt die These von der Selbsthilfegruppe als einem »Service Mutuel«, muß man des weiteren mit einem entsprechend ökonomischen Verhalten rechnen. Ehe der »neue Mensch« als homo oecologicus hervortritt, ist der »alte« immer noch homo oeconomicus. De jure betreibt er Geschäfte auf Gegenseitigkeit; de facto nutzt er jede Gelegenheit, um Selbstkosten zu minimieren, Eigennutz zu maximieren und lieber durch Nehmen als durch Geben selig zu werden[19]. Tatsächlich klagen 38% der festen Kräfte und der Aktivisten über »Passivität«, »mangelndes Engagement«, ein gewisses »Konsumverhalten« und diesbezügliche Sysiphus-Erlebnisse mit Gruppenmitgliedern, denen es eben leichter fällt, immer wieder in alte und wohl auch allzu menschliche Rollenmuster zurückzufallen.

In einem Nachbarschaftsheim sollten die Kinder beim Staubsaugen mithelfen. »Das ist doch euer Heim«. Die Kinder aber nahmen es als Freizeitheim, das ihnen gratis angeboten wurde. Typische Klagen lauten wie folgt: »Zwei, drei Leute tun was, und zweihundert profitieren«; »Denen langts, die haben ja für sich genug«; »Die Neuen kommen jetzt in die Gruppen wie Blütenhüpfer. Von einer zur anderen. An jeder Ecke wird was geboten. Das ist so bequem. Man braucht bloß hingehen und alles ist da«; »Die Leute lassen sich treiben«; »Die kommen hier (in eine Süchtigengruppe) vor allem im Winter für ein paar Tage trockene Sachen und Essen und Trinken. Dann verschwinden sie wieder«; »Der harte Kern hier, wir sind drei, vier Leute. Die andern drumherum machen mehr oder weniger nichts mehr, besonders seit P. auf der Stelle ist«; »Wir sind wie ein Krämerladen, besser gesagt Supermarkt, weil wir schon so groß sind, wo jeder reinläuft und sich bedienen kann. Gerade die Neuen haben ein ziemlich ausnutzerisches Verhalten«; »Die Leute sind schwierig für Aktivitäten zu interessieren. Die meisten sind bequem. Es fehlt Pflichtbewußtsein«; »Nur ein kleiner Teil der Mitglieder ist bereit, in der Gruppe und damit am eigenen Leben mitzuarbeiten. Die Mehrzahl läßt sich treiben und nimmt, was der Verein bietet«; »Man müßte mehr Leute aktivieren, aber das geht nicht mehr so gut wie früher«; »Die Leute suchen jetzt mehr ein Hilfs-*Angebot*, sind selbst aber nicht mehr so bereit, aktiv mitzumachen und ihrerseits andern zu helfen«.

Häufig wird die Beschäftigung von Hauptamtlichen damit begründet, daß nur durch sie die Mitarbeit von Ehrenamtlichen auf Dauer gestellt werden könne. Daran mag vieles richtig sein. Eins aber sollte man nicht durcheinander bringen: Hauptamtliche können Ehrenamtliche *organisieren*, aber Hauptamtliche werden ehrenamtliche Mitarbeit kaum *mobilisieren* können, sie aber mit einer gewissen Wahrscheinlichkeit demobilisieren. In Selbsthilfegruppen zumindest sind ehrenamtliche Kräfte in fester Funktion eher ein bloßer Anfangs- und Übergangszustand. Hält dieser Zustand lange an, verschleißen sich zwei bis drei Pioniergenerationen bis zu dem Punkt, an dem Nachwuchsprobleme auftreten. Werden die Kräfte in fester Funktion aber mehr und mehr bezahlt, werden sie damit zu mobilen neuen Hilfeleistern, denen die einfachen Gruppenmitglieder als eine zunehmend demobilisierte neue Selbsthilfeklientel gegenüberstehen.

Die neuen Helfer haben dann, wie schon erwähnt, die viele Arbeit und viel darunter zu stöhnen, und die Selbsthilfeklientel hat dafür von den neuen Helfern eine überwältigend gute Meinung: Zu 86% loben sie deren Leistung und Angebot. Die »neuen Konsumenten« wissen durchaus zu schätzen, was ihnen geboten wird. Im Zuge des Wertwandels zum qualitativen Wachstum und zur Lebensqualität werden die steigenden Ansprüche auch zu kultivierteren[20]. Das belebt den Umsatz. Die Pädithen im tertiären Milieu nehmen »deutlich mehr professionelle Hilfen in Anspruch« als andere. »Besonders deutlich sind die Unterschiede in der Inanspruchnahme von Psychologen, Therapeuten, Fachärzten, Zahnärzten, Apothekern, Krankenhäusern, Vorsorgeuntersuchungen«. Man hat es mit Personen zu tun, »die nicht nur sehr intensiv private Hilfen aktivieren, sondern auch die vielfältigsten offiziellen Hilfsquellen für sich erschließen und nutzen. ... Personen, die sich Selbsthilfegruppen anschließen, gehören zu dem kleinen, sehr aktiven Teil der Bevölkerung, der alle denkbaren privaten und öffentlichen Hilfsressourcen für sich erschließt«[21].

Zusammenarbeit mit etablierten Experten und Einrichtungen

Die Zusammenarbeit zwischen Selbsthilfegruppen und schon etablierten Experten und Einrichtungen funktioniert weit besser, als es die Gerüchteküche wahrhaben möchte. Hinter einer noch aufrecht erhaltenen Fassade feindselig klingender Rhetorik beiderseits hat sich über weite Strecken ein Verhältnis alltäglicher Zusammenarbeit zu festigen begonnen.

Die Selbsthilfepioniere sind ja in vielen Fällen von vornherein Experten gewesen. Die Kollegen zeigten zunächst »abwartende Skepsis«[22]. Da sich nun zunehmend erweist, daß der befürchtete Funktionsverlust der Etablierten nicht eintritt, die Neuen den Alten also nicht die Butter vom Brot nehmen, sondern den Berufsstand insgesamt ergänzen und erweitern, weicht die ursprünglich verbreitete Skepsis einer schon beinahe routiniert werdenden An- und Einbindung der Selbsthilfegruppen. Sogar in der Ärzteschaft betrachtet man Selbsthilfegruppen heute mehrheitlich als »Ergänzung der medizinischen Versorgung«, und als »unverzichtbaren Faktor für die psychosoziale Nachsorge und den Ausbau des Systems der ambulanten ärztlichen Versorgung«[23].

Die Experten hatten die Effektivität von Selbsthilfegruppen schon Anfang der 80er Jahre zu 40 % als hoch oder sehr hoch eingestuft. 47 % hatten damals schon Klienten gelegentlich an Selbsthilfegruppen weiterempfohlen, 11 % sogar häufig[24]. Von den heutigen Mitgliedern in Selbsthilfegruppen kommen 18 % auf ärztliche Empfehlung und nochmals 18 % aufgrund der Vermittlung von Sozialarbeitern bei den Bezirksämtern, in psychologischen Beratungsstellen, Kliniken u. a. (Demgegenüber werden 51 % durch Mundpropaganda und 13 % durch Anzeigen und sonstige Öffentlichkeitsarbeit der Gruppe angesprochen). Im Jugend- und Drogenbereich kommen zunehmend mehr Leute auf Gerichtsbeschluß. Das verstößt an und für sich gegen die reine Theorie der Selbsthilfe, die ja besagt, daß man das aus eigenen Stücken wollen muß.

Umgekehrt haben die Mitglieder der Gruppen nur zu 36 % keinen regelmäßigen Kontakt zu Ärzten, Therapeuten, Sozialarbeitern, Pflegern, Sozial-, Arbeits-, Gesundheitsämtern u. ä. 64% dagegen pflegen solche Kontakte regelmäßig, und dabei meist auch zu mehreren dieser Stellen zugleich – in der Reihenfolge am häufigsten zu Ärzten/Krankenhäusern (49%), dann Sozialarbeitern und sozialarbeiterischen Beratungsstellen (32%), Pflegern, Krankengymnastinnen u. ä. (18%), Sozialamt (15%), Arbeitsamt (12%). Darüberhinaus haben es Gruppen aus den Bereichen Gesundheit/Sucht/Psychiatrie naturgemäß überwiegend mit Kliniken zu tun, Behinderte und Alte mehr mit (Pflege-)Heimen, während Gruppen im Bereich Soziales/Gemeinwesenarbeit besonders häufig mit der Kirchengemeinde und den Volkshochschulen zu tun haben, die Ausländer schließlich mit der Ausländerpolizei.

Eine typische Meinung aus einem Psychiatrieprojekt war: »Es gibt noch Geplänkel, aber auf fachlicher Ebene ist die Zusammenarbeit im allgemeinen gut«. Eine Aktivistin in einer Altengruppe erklärt, warum: »Wir sind ein Pendant zur Pflege. Wir sind kein Ersatz oder eine Konkurrenz zu den Heimen. Durch unseren Besuchsdienst ergänzen und unterstützen wir die Pflege dort«. Lediglich manchen Ärzten, deren Stern ja in der Tat etwas am verblassen ist, kommt die Unterstützung noch ungelegen. Dazu die Leiterin einer Gesundheitsgruppe: »Uns wurde vom Ärztekammerchef gesagt, die Selbsthilfegruppen müssen aufhören – wegen der schwarzen Listen über schlechte Ärzte, weil die Patienten zu aufmüpfig werden, weil wir sie über ihre Rechte aufklären und so. Wir führen aber keine schwarzen Listen. Wir empfehlen gute Ärzte. Das ist doch normal. Inzwischen schikken uns Ärzte auch Leute zur Betreuung. Aber das ist oft bloß ein Abschieben, damit sie sie los sind, wenn sie mit ihrem Latein am Ende sind«.

Bemerkenswert still sind die Beziehungen gegenüber den etablierten Wohlfahrtsverbänden. Ausnahmen, wenngleich keineswegs dramatische, bilden der Deutsche Paritätische Wohlfahrtsverband (dpw) und das Diakonische Werk der Evangelischen Kirche. Rund 20% der ca. 180 Mitgliedsorganisationen des Berliner dpw stammen inzwischen aus der Alternativ- und Selbsthilfebewegung. Es dauert in der Regel etwa zwei Jahre, bis so ein Aufnahmeantrag, wiederum als Regel, positiv beschieden wird.

Die anderen Verbände sind partei- oder konfessionsgebunden und bilden auf nationaler Ebene Sozialkonzerne, das Rote Kreuz auch auf multinationalem Niveau. Deshalb entspricht der im Vergleich dazu eher kleine dpw, als eine Art Vernetzungsbüro freier Träger, noch am ehesten den Vorstellungen der neuen »kleinen freien Träger«.

Für Unterstützung besonders gelobt wird das Diakonische Werk. »Die konkreteste Unterstützung kommt noch vom Diakonischen Werk, zwar auch nur solange man persönliche Kontakte pflegt, aber die helfen schon Stellen verwalten, Räume anmieten und so«; »Sonst ist das ja mit Verbänden und Ämtern nicht so toll, aber mit der Diakonie ist die Zusammenarbeit und Kommunikation echt gut«. Nicht zuletzt stellt die Diakonie ja auch die ein oder andere ihrer Angestellten frei, um viele Stunden die Woche für ein Selbsthilfeprojekt tätig sein zu können. Auch der Caritasverband unterstützt mittlerweile, über den Christlichen Verein junger Männer, ein Projekt. Die Mitglieder empfinden von dieser Seite aber immer noch ein spezifisches »Mißtrauen gegen unsere Ideen«.

Während sich nun die Zusammenarbeit mit etablierten Experten und Einrichtungen zunehmend normalisiert, tut sich Konkurrenz an anderer Stelle auf, wo die Projekte sie zwar schon vermuten, aber nicht haben mögen: Konkurrenz untereinander. Einige der Gruppen sind ja als politisch-milieuspezifisch motivierte Konkurrenz gegründet worden, so etwa die Rheuma-Börse gegenüber der Rheuma-Liga. Das hat sich aber inzwischen gegeben. Man schickt die Leute zueinander, je nachdem, in welches Milieu sie besser passen. Spannungen bleiben dagegen zwischen den Krebsselbsthilfegruppen und der Deutschen Krebshilfe. Letztere verfügt als renommierte Organisation auch über einige Mittel. Die Kritik der Gruppen geht dahin, daß man diese Mittel gerne für wissenschaftliche Experimente und technische Apparate ausgibt, aber z. B. nicht dafür, einem schwer leukämiekranken Araber den Heimflug zu zahlen, damit er bei den Seinen sterben möge.

Nicht zuletzt nehmen gleichartige Gruppen in einigen Fällen einander Kundschaft weg. Das gilt vor allem für gewisse Gesundheits- und Suchtgruppen. Gemessen an der Wohnbevölkerung ist die Zahl der Gruppen zwar gering; vorerst ebenso gering ist aber auch die Zahl der lebenden tertiären Pädithen, die in eine solche Gruppe hineinpassen.

Einen Fall eigener Art bilden schließlich wieder die Altengruppen. An familiärer Einbindung mangelt es vielen von ihnen tatsächlich, aber an Ersatzangeboten längst nicht mehr. Eine Bezirksgruppenleiterin berichtet: »Unsere Leute sterben weg und Neue kommen wenig nach, weil andere Organisationen mehr und billiger anbieten. Die Arbeiterwohlfahrt macht ›Freizeit vor den Toren Berlins‹ für 1 Mark. Da können wir nicht mithalten. Außerdem lassen die Alten die Jungen nicht ran. Die nehmen das Kassenbuch noch mit ins Grab«.

Selbsthilfegruppen, Staat und staatliche Förderung

Staatsfixiertheit der Selbsthilfegruppen

Daß die neuen sozialen Bewegungen mit der Zeit ganz ähnliche Wege gehen wie die früheren, gilt in besonders ausgeprägter Weise für ihr Verhältnis zum Staat. In der Selbsthilfe- und Genossenschaftsbewegung des 19. und beginnenden 20. Jahrhunderts gab es neben den sozialistischen und christlichen immerhin auch starke liberale Strömungen (Schulze-Delitzsch, teils auch Raiffeisen). Das ist heute nicht mehr so. Bei den neueren Selbsthilfegruppen sind der konservative Obrigkeitsstaat und der sozialistische Plan- und Zuteilungsstaat eine nahtlose Synthese eingegangen, ähnlich wie schon zu Zeiten des wilhelminischen und josephinischen Gas- und Wassersozialismus. Man kennt diese schwarz-rote Mischung in dieser Form wohl tatsächlich nur aus Deutschland und Österreich, sinngemäß vielleicht noch China und Japan. Wenn die familienpsychologische Metapher vom »Vater Staat« einen Sinn macht, dann bei den neuen Selbsthilfegruppen. Der Institutionenkomplex Staat, insbesondere der Sozialsenator und die Sozialverwaltung, fungiert für die Gruppen als eine Art »Stiefvater«. Das Verhältnis, das gerade die linksalternativen Selbsthelfer zum Staat haben, trägt Züge einer antiautoritären Haßliebe.

Die meisten neuen Selbsthilfegruppen sehen – scheinbar paradoxerweise – nicht eigentlich sich selbst als für Problemlösungen zuständig an. Wären sie »Gruppen von Starken«, wäre das tatsächlich paradox. Insoweit es sich um »Gruppen von Schwachen« und Benachteiligten handelt, kann es indes kaum anders sein. Denn als »Schwache« sind sie darauf angewiesen, subsidiär-solidarisch die Unterstützung der »höheren Mächte« zu erlangen. Hier liegt ein wunder Punkt. Viele Selbsthelfer scheinen sich nicht klar darüber zu sein, ob sie aus einer Position der

»Stärke« oder der »Schwäche« heraus handeln. Ihren Idealen zufolge darf es diesen Unterschied ja nicht geben. In Wirklichkeit gibt es ihn.

Der Not eines lädierten Selbstwertgefühls wird dabei die Spitze genommen, indem man es sich mit der Ursachendeutung meist einfach macht: »Blame it on society« – und als Verkörperung der Gesellschaft erscheinen ihnen in erster Linie die Korporationen des Staates. Sie bilden eine weite Projektionsfläche für verschiedenste Varianten von Autoritätsproblematiken und antiautoritär paradoxem Verhalten, wie es im Pädithenmilieu ausgeprägter als sonst vorhanden zu sein scheint. Man kann viele Darstellungen und Stellungnahmen im Zusammenhang mit der staatlichen Förderung gar nicht anders verstehen als auf eine solche sozialpsychologische Weise.

Tatsache ist, daß nur 6 % der Gruppen, bzw. der Betroffenen in den Gruppen, »sich selbst« unter die zuständigen Problemlöser rechnen. 7 % sehen auch in Parteien, Gewerkschaften und sonstigen Verbänden, 15 % in den Kirchen wichtige Ansprechpartner, Unterstützungs-, Hilfs- und Bezugspunkte. Aber für 88 % mit Abstand am wichtigsten und vorrangigsten ist »der Staat« oder »der Senat«. Sie vor allem gelten als »zuständig für...« und haben »Schuld an...« Diese extreme Staatsfixiertheit ist kein Spezifikum der Selbsthilfegruppen; es wird lediglich deutlich, daß sie sich in diesem Punkt in nichts von dieser ihrer Gesellschaft unterscheiden.

Nicht wenige sehen ihre eigene Intervention als vorläufigen Ersatz für staatliche Interventionen: »Wir erfüllen hier immer mehr Funktionen, die eigentlich der Staat erfüllen müßte, und das für 'n Appl und 'n Ei« – »Wieso gerade der Staat?« – »Meinetwegen die Gesellschaft oder wer. Aber bei uns bleibt hängen, was die verbockt haben«. Häufig kommen Wendungen wie: »Wir arbeiten hier für den Senat.« Damit ist nicht nur gemeint, daß manche der Gruppen sich politisch funktionalisiert fühlen (dazu weiter unten). Mehr noch ist gemeint, daß »der Staat« als Auftrags- und Arbeitgeber angesehen wird. Dies entbehrt de jure zwar weitgehend jeglicher Grundlage, hat aber de facto manches für sich.

Einige der Absagen, an dieser Studie mitzuwirken, begründeten sich aus dieser Haltung heraus: »Wir arbeiten hier als ausgebildete Akademiker mit vollem Psychologiestudium völlig unterbezahlt und haben keine Lust, für den Senator jetzt auch noch in der Freizeit ehrenamtliche Mehrarbeit zu leisten.« Vater Staat erscheint als Rabenvater, weil er die Auftrags- und Arbeitgebererwartungen seiner Stiefkinder nicht so erfüllt, wie diese es gerne hätten. Der kontinentale Sozialstaat, besonders der mitteleuropäische, ist eben traditionell weniger durch persönliche Vorsorge, gegenseitige Fürsorge und kapital- und kostendeckende Versicherung geprägt, als durch ein obrigkeitlich-zentralplanwirtschaftliches Versorgungsdenken.

Marktfeindlichkeit und Arbeitnehmerbewußtsein der neuen Helfer

Es ist interessant, daß Verdienstangaben durchweg netto gemacht wurden. Das für die Sozialstaatskassen so wichtige Brutto wird weniger beachtet, schon gar nicht das dafür ebenso relevante Arbeitgeberbrutto. Auf Nachfrage scheinen sich viele darunter überhaupt nichts vorstellen zu können. Dieser Befund muß befremden, zumal bei Leuten, die doch »autonom-selbstverwaltet« zu sein beanspruchen und dabei dermaßen vom Sozialstaat abhängen bzw. an ihm hängen. Realiter zeigen die Selbsthilfe-Beschäftigten zwar Unternehmungsgeist, aber keinerlei unternehmerisches Bewußtsein, sondern ein reines Arbeitnehmer-Bewußtsein. Der Bewegungsmythos, sich Arbeitsplätze selbst zu schaffen, heißt in Wirklichkeit: Nach einem geeigneten Arbeitgeber Ausschau halten, von dem man fordern kann, Arbeitsplätze bereitzustellen. Offenbar sehen die neuen Helfer die wirtschaftliche Seite ihres Anliegens ganz im Geiste Lenins, der bekanntlich die Deutsche Post als allgemeines Wirtschaftsvorbild empfahl. Der öffentliche Dienst gibt das Muster, nach dem die neuen Helfer beschäftigt und versorgt sein möchten.

Es mag stimmen, daß die institutionellen Vorgaben des sozialstaatlichen Umfeldes – Kassen, Krankenhäuser, Schulen und Universitäten, öffentlich-rechtlich organisierte Dienste – einen

Sog in die geschilderte Richtung erzeugen. Viele kennen nichts anderes. Vor allem aber haben 56 % der Projekte unter *den gegebenen Bedingungen* kaum eine Chance, sich in nennenswertem Maß selbst zu finanzieren. Ihre Mitgliedsbeiträge liegen pro Person bei 10 Mark im Monat oder 100 Mark im Jahr, so gut wie nie darüber, aber häufig noch darunter (etwa bei Altengruppen mit 4 Mark monatlich). Auch Spenden bewegen sich in eher symbolischen Größenordnungen. So kann es gelegentlich vorkommen, daß sogar die eher geringe Anforderung, die Gruppen sollten bei Senatssubvention 10–20 % ihrer Mietkosten selbst aufbringen, für Gruppen, denen keine nennenswerten Selbstfinanzierungsquellen zugänglich sind, zum Stolperstein wird[1]. Dennoch gäbe es in vielen Gruppen genügend Ansatzpunkte für ein auch unternehmerisch selbständigeres Vorgehen.

Bereits heute bringen Projekte vereinzelt eine beträchtliche Selbstfinanzierung zustande. In 13 % der Gruppen findet ein Verkauf eigener Produkte statt – aus Druckerei, Schreinerei, Keramikwerkstatt, Schneiderei, Bäckerei, Transportfirma u. a. Jedoch nur ausnahmsweise schlagen die Erlöse zu Buche. Das liegt nicht nur an der Qualität der Produkte. Es liegt auch daran, daß die neuen Helfer diese Tätigkeiten vor allem unter dem Gesichtspunkt ihrer (beschäftigungs-) therapeutischen Wirkung betrachten. Die Dinge auch mit den Augen eines Kaufmanns und Verkäufers zu sehen, verstehen sie weniger. Weshalb aber sollen z. B. neue kleine Institute, die Körper- und Selbsterfahrungsgruppen anbieten, dies partout nach BAT und zu subventionierten Preisen tun? Der Body-and-Mind-Markt ist doch längst zu einem Millionengeschäft geworden.

In einem immerhin gemischtwirtschaftlichen Bereich bewegen sich 12 % der Gruppen. Sie erbringen für ihre Klientel – etwa Jugendliche oder Pflegebedürftige – Leistungen, die sie von den Kranken- oder Rentenkassen, dem Sozialamt oder anderen Stellen einzeln zu festen Preisen vergütet bekommen – nach Tagessätzen oder Pflegesätzen für einen WG-Platz, einen Ausbildungsplatz, einen Diensteinsatz, oder nach Stunden. Auch die niedergelassenen Ärzte und Krankenhäuser werden ja nach diesem Muster einer Vergütung der Einzelleistung gemäß kollektiv ausgehandeltem Vergütungstarif bezahlt. Bemerkenswert ist aber, daß die meisten Gruppen, die derartiges tun, es unfreiwillig tun. Sie empfinden dieses gemischtwirtschaftliche Modell und die Bezahlung nach Einzelleistung als eine schikanöse Zumutung, die möglichst bald durch eine feste Planstelle beendet werden sollte. Vorstellungen wie etwa die des Münchner »VIF-Hilfsdienst für Behinderte«, wonach die Behinderten ihre Helfer nach Stundensatz direkt und bar bezahlen sollen, gehören zu den Ausnahmen[2]. Die Einsicht, die jemandem aus der Szene kam, daß nämlich »Mischfinanzierung unabhängiger macht und den Ideenreichtum stärkt«, ist in der Szene nicht resonanzfähig. Dabei bleiben es auch bei der »Mischfinanzierung« überwiegend öffentliche Mittel, die da gemischt werden...

»Staatsknete« für Selbsthilfegruppen: antiautoritär-paradoxe Verstrickungen zwischen Autonomie und Abhängigkeit

Förmlicher Arbeitgeber der neuen Helfer ist in zwei Dritteln der Fälle der eigene Verein, ansonsten diverse Träger wie etwa der Bund deutscher Pfadfinder, das Sozialpädagogische Institut Berlin, das Diakonische Werk, der Christliche Verein junger Männer usw. Die Mittel dafür aber kommen so gut wie ausschließlich von diversen Senats- und Bezirksverwaltungen. Neuerdings wurden auch verstärkt Arbeitsbeschaffungsmaßnahmen (ABM) genutzt. Dabei werden befristete aber tariflich bezahlte Stellen zu 80 % vom Arbeitsamt und zu 20 % vom Senat finanziert.

Faktisches Herzstück der staatlichen Selbsthilfeförderung in Berlin ist aber nach wie vor der »Selbsthilfetopf«. Aus diesem Fonds wurden
1983 138 Projekte mit 4,1 Mio.,
1984 168 Projekte mit 5,2 Mio., und
1985 176 Projekte mit 5,8 Mio. Mark
gefördert[3]. Hinzu kommen jeweils noch rund 130 Altengruppen, die 1985 insgesamt 114 000 Mark erhielten.

Das Verfahren ist dem Fördermodus des »Netzwerk Selbsthilfe« nachempfunden. Es wurden auch ähnliche Kriterien vorgegeben (siehe das Kapitel über Herkunft und Selbstverständnis der Gruppen). Eine Arbeitsgruppe, mittlerweile zu einem eigenständigen Referat geworden, bearbeitet die Anträge. Sie erstellt Vorlagen und gibt Förderungsempfehlungen. Entschieden wird dann aufgrund dieser Vorlagen und Empfehlungen von einem Beirat. Seine gegenwärtig sechs Mitglieder werden vom Senator unter fachlichen und politischen Gesichtspunkten berufen. Außerdem gehört zum Berliner Modell auch die Initiierung und Finanzierung der Selbsthilfe-Kontakt-und-Informationsstelle (SEKIS). Diese erbringt umfangreiche Dienstleistungen von und für Selbsthilfegruppen[4].

Die Mittel aus dem Selbsthilfetopf sind noch nicht die ganze »Staatsknete«, die den Selbsthilfegruppen zufließt. Gerade die größeren und professionelleren unter ihnen wurden, von vornherein oder doch bald, von verschiedenen Senatsverwaltungen im Rahmen diversester Fachabteilungen gefördert. Das ist für einen Außenstehenden kaum zu überblicken (siehe Kapitel über die wirtschaftliche Lage der Projekte).

Über 140 Projekte sind nun drei Jahre hintereinander aus dem Selbsthilfetopf gefördert worden. Damit stellt sich die Frage, ob aus der »Anschubfinanzierung« eine »Dauerförderung« werden soll. Beim zuständigen Hauptausschuß des Abgeordnetenhauses stieß diese Aussicht zunächst auf wenig Gegenliebe. Dennoch wurde inzwischen eine »Weiterförderung« unter bestimmten Bedingungen zugestanden. Für diese »Weiterförderung« im Rahmen diverser Fachabteilungen wurden beim Sozialsenator 57 Projekte vorgeschlagen. Für sie werden 2,5 Mio. Mark zusätzlich ausgegeben. Diese Projekte sind damit auf dem besten Weg ihrer vollen Anerkennung und Etablierung. 87 anderen Projekten aber blieb dieser Weg noch versperrt, überwiegend, wie es heißt, weil sie keine entsprechenden Anträge stellten, weil sie bestimmte Kriterien nicht erfüllten, weil sie sich anderweitig behelfen können, und teilweise auch aus Proporzgründen, denen z. B. etliche Stellen in Frauenprojekten zum Opfer fielen.

Es konnte nicht ausbleiben, daß dies zu großem Ärger seitens der betroffenen Gruppen, und zu entsprechenden Solidaritätserklärungen der anderen führte. Zwischen den Gruppen und den Repräsentanten ihres »Stiefvaters« herrscht ohnedies dauernde

Hochspannung. Die »unbürokratische Hilfe« wird von praktisch allen als in Wirklichkeit »bürokratisch, aufwendig und nervig« charakterisiert. Alles dauere viel zu lange, man werde bis zum endgültigen Bescheid nicht informiert, und das Geld komme viel zu spät. Daß Mieten, Telefongebühren oder Gehälter nicht gezahlt werden können, sei durchaus keine Seltenheit. »Am Anfang war 'n die ja noch ganz nett. Aber jetzt scheinen die bloß noch ihr Verwaltungshandeln und den Landesrechnungshof im Kopf zu haben«. – »Am schlimmsten ist die kleinliche Abrechnung. Die kommen hier rein wie die Kripo. Und für 100 Mark muß man drei Kostenvoranschläge beibringen und jedes Jahr denselben Rechenschaftsbericht schreiben, auch wenn da auf Punkt und Komma das gleiche drinsteht«. Am ärgerlichsten aber macht die Gruppen, daß, aus ihrer Sicht, zu wenige Gelder für zu wenige und zu gering bezahlte Stellen bewilligt werden. »Es ist zu viel Aufwand für zu wenig Geld.« Und: »Bei der geringen Bezahlung ist es ein Problem, qualifizierte Kräfte zu binden.« Nicht zuletzt zehrt die »finanzielle Unsicherheit durch die Abhängigkeit vom Senat« an den Nerven. Man weiß von einem Jahr zum nächsten nicht, ob man weiter gefördert wird und die Arbeit somit überhaupt weitergehen kann.

Unter der Voraussetzung, daß man den Staat als zuständig erachtet, ist diese Kritik sicherlich anzuerkennen. Dennoch erbringt gezieltes Nachfragen (»Was genau nimmt wieviel Zeit in Anspruch«; »Was genau wollten die ›Förderkommissare‹ wissen«), daß hier in vielen Fällen *auch* eine Menge Dampf abgelassen wird, der sich im eigenen Kessel anstaut. Hier treibt das antiautoritäre Paradox seine Blüten. Mit dem Staat im allgemeinen und einer CDU-Regierung im besonderen wollen gerade die Gruppen mit links-alternativer Herkunft so wenig wie möglich zu tun haben – ideologisch gesehen. Praktisch sind sie völlig von »Vater Staat« abhängig. Und selbst wenn sie könnten, unternehmen sie nicht viel, um diese Abhängigkeit zu verringern. Auch in den Fällen, wo es aktuell sein könnte, wird die meiste Energie nicht darauf verwendet, sich aus der Abhängigkeit vom Staat zu lösen, sondern Kapital aus ihr zu schlagen. Im tertiären Milieu hat man es ja überwiegend mit gebildeten Mittelschichtsangehörigen, also den Nachfolgern der bürgerlichen Stände zu tun. In bürgerlichen Kreisen haben es die Sprößlinge gerne so gehalten: »Der Alte soll die Knete rüberschieben«, einen ansonsten aber in Ruhe lassen. (Hausbesetzer: »Staat hau ab«). Nur, man kann sich kaum einen krasseren Widerspruch vorstellen, als auf seine Selbständigkeit und Autonomie zu pochen und gleichzeitig zu erwarten, der Staat bzw. die steuerzahlende Allgemeinheit solle dafür aufkommen.

Es kann nicht die Abhängigkeit als solche sein, was die neuen Helfer dermaßen aufbringt. Sie würden sonst nachhaltiger versuchen, sich aus dieser Abhängigkeit zu lösen. Was sie wirklich stört, ist der Widerspruch, in dem diese Abhängigkeit zu den eigenen Emanzipations-, Autonomie- und Selbständigkeitsmythen steht. Diese Mythen aber, als Grundlage einer illusorischen Identität, sind tabu. So kommt es zu gelegentlich grotesken Verdrehungen. Schon zum »Netzwerk« kamen die meisten Gruppen, insbesondere auch Frauengruppen, mit der Einstellung: »Die sollen froh sein, wenn wir ihr Geld nehmen«. Mit der Abhängigkeit vom Staat setzen sich die Gruppen, um mit Freud zu sprechen, überwiegend nicht im Sinne des Realitätsprinzips auseinander, sondern mehr auf der Ebene des Lustprinzips. Die Abhängigkeit wird daher nicht nur als ein praktisches Problem wahrgenommen; mehr noch wird sie als ein beleidigender Affront gegen die eigene schöne Ich-Illusion erlebt. Man verhält sich nicht zu einem vielschichtigen rechts- und sozialstaatlichen Organisationsgefüge, mit dem man um so besser fertig würde, je besser man das Kräfteparallelogramm der politischen Interessen berücksichtigt und je mehr man die Regeln des Bürokratieschachs beherrscht; man verhält sich vielmehr zu einer *Autorität*. Diese Autorität wirkt als ein ständig schmerzender Stachel, der in den Ballon der Ich-Inflationen piekst.

Realistisch-praktische Haltungen, wie sie sich in folgenden Worten zweier Gruppenleiterinnen ausdrücken, sind in der Minderzahl. Das heißt, um der Differenzierung die Ehre zu geben, sie sind bei Ausländer-, Alten- und Behindertengruppen die Regel, in den anderen Bereichen aber die Ausnahme: »Ohne Zuwendung wäre der Bestand des Vereins nicht möglich, aber leider ist die Abwicklung der Zuwendung so arbeitsaufwendig, daß viel zu viel Zeit für die eigentlich sinnvolle Arbeit mit den

Menschen verloren geht.« »Wir sind trotz allem für die Unterstützung durch den Senat dankbar. Aber zur Weiterentwicklung der Gruppen wäre doch etwas mehr Geld erforderlich. So wie es jetzt ist, ist es besser als nichts, aber doch nur eine halbe Sache.« Das ist immerhin eine plausible Verhandlungsgrundlage, sei es nun einer »Maschinerie« oder einer »Autorität« gegenüber.

Die Vorstellung vieler Projekte, möglichst viel »Staatsknete« ohne Leistungs- und Verwendungskontrolle zu bekommen, hat auf seiten der Verwaltung durchaus ihr Gegenstück. Es gibt hier Denkansätze, wie Ch. Wend schreibt, »bei denen sich der Staat mit Pauschalzuweisungen von bestehenden Randgruppenproblemen freikauft«[5]. Aus der Sicht der Verwaltungen und auch der Rechnungshöfe könnte das bis zu gewissen Grenzen rational erscheinen. Die Antragsbearbeitung und -abwicklung kostet den Senatshaushalt pro Vorgang pro Jahr durchschnittlich rund 2500 Mark[6]. Nun erhalten 6 % der Projekte nur Zuwendungen bis zu 2500 Mark, 10 % der Projekte 2500–5000 Mark, und weitere 12 % 5000–10 000 Mark. Es wäre vielleicht mehrheitsfähig, zu argumentieren, daß in diesem guten Viertel der Fälle der Verwaltungsaufwand »nicht lohnt«, respektive übertrieben ist. Es könnte sozusagen vernünftiger sein, diesen Projekten das Geld nach Augenschein zu geben und sich bei der Verwendungskontrolle auf seltenere Stichproben zu beschränken.

Nun ist es immer strittig, wo der rationale Grad im Verhältnis »Verwaltungsaufwand: Fördersumme« liegt. Setzt man ihn bei 10 % (d. h. mit einem Verwaltungsaufwand von 2500 Mark bei einer Fördersumme von 25 000 Mark), müßte ein weiteres Viertel, insgesamt also die Hälfte der Projekte ihr Geld »ohne weiteres« bekommen. Indes scheint der Quotient mit dem größten Konsens 5 % zu betragen. So gesehen müßten 78 % der Projekte ihr Geld ohne viel Aufhebens bekommen, denn nur 22 % der Projekte erhalten Fördersummen von jährlich 50 000 Mark und mehr. (2500 Mark durchschnittlicher Verwaltungsaufwand sind 5 % von 50 000 Mark).

Wie auch immer, bei den meisten Anträgen geht es offenbar doch eher um Kleingeld: um 20 000–40 000 Mark jährlich. Man versteht die aufgebrachten Hinweise auf die Millionen, die in die Subventionierung durchaus starker Unternehmen fließen, und die Milliarden, die in der Rüstung gebunden sind. Aber diese Millionen und Milliarden fallen in unserer Gesellschaft in das Ressort »Wirtschaftspolitik«. Dort bedürfen sie eher milder Rechtfertigungen. Die Tausender an die »kleinen Leute« aber fallen in das Ressort »Sozialpolitik«. Dort sind sie einem notorischen Rechtfertigungsdruck ausgesetzt. Man erlebt das nirgends deutlicher als etwa auf dem Sozialamt und in der Sozialverwaltung überhaupt. Zudem fühlen sich Politiker und ganz besonders Kommunalpolitiker, gegenüber Wirtschaftsunternehmen und Großtechnik als fromme Laien; bei Arbeitslosen und Asylanten, Kindergärten und Krankenhäusern aber glaubt sich jeder kompetent.

Wer benutzt wen? Vereinnahmende Uneinvernehmlichkeiten zwischen Regierung und sozialer Bewegung

In der Wirtschaftspolitik geht es, vereinfacht gesagt, um viel Geld für wenige, in der Sozialpolitik um wenig Geld für viele. Obwohl ihre Gesamtetats häufig größer sind als die der anderen, haben die Sozialpolitiker ihren Interessenten und Wählern im einzelnen nicht Koffer voller Geld zu überlassen. Sie müssen in diesem Sinn auch mit wenig Geld viel erreichen, und das heißt nicht nur, fachliche Wirkungen, sondern auch politische Erfolge erzielen.

Der Berliner »Selbsthilfetopf« ist zweifellos eine erfolgreiche politische Innovation. Er ist, länger als vergleichbare Maßnahmen, ein Medienthema geblieben. Er ist Gegenstand wissenschaftlich-fachlicher Erörterungen. Und er wird von anderen Ländern und Kommunen tatsächlich als Modellfall angesehen. Man könnte erwarten, daß die Projekte an diesem Erfolg teilnehmen, und daß sie stolz darauf sind, zu den tragenden und treibenden Akteuren dieser Erfolgsgeschichte zu gehören. Das Gegenteil ist der Fall. Explizit 54 % der Selbsthilfegruppen distanzieren sich von der Senatspolitik. Die andern signalisieren ihre Zustimmung eher zurückhaltend. Das hat, aus der Sicht der Gruppen, im wesentlichen zwei Gründe: nämlich Geld- und Urheberrechtsansprüche.

Zunächst finden die Gruppen mit links-alternativer Herkunft, daß Fink und der übrige CDU-Senat ihnen ihre ureigensten Ideen »geklaut« und für sich »vereinnahmt« hätten. 68% der Projekte in den Bereichen Gesundheit und Soziales fühlen sich in diesem Sinn für eine Politik funktionalisiert, die sie nicht als die ihre betrachten[7]. »Wir wollen uns nicht vor die schwarze Karosse spannen lassen.«

Was aber bedeutet diese beharrliche Präokkupation, nicht »vereinnahmt« werden zu wollen? Muß jemand, der sich seiner einigermaßen sicher ist, der sich seiner Ideale und seiner Wirklichkeit kritisch vergewissert, der zwischen seiner Innen- und seiner Außenrepräsentation keine Charaktermaskeraden zu veranstalten braucht, muß so jemand befürchten, von einem bösen Geist besessen zu werden? »Vereinnahmung«, definiert eine Autorengruppe, »bedeutet im extrem negativen Fall eine Instrumentalisierung der Selbsthilfegruppen für Ziele, die nicht ihre eigenen, sondern die des professionellen bzw. staatlichen Systems sind«[8]. Gut, der CDU-Senat hat mit seiner Großen Anfrage im Abgeordnetenhaus und der entsprechend nachfolgenden Politik einen Schachzug gelandet, der die parteipolitischen Gegner – und dazu gehören auch viele Selbsthelfer, die der Alternativen Liste oder der SPD nahestehen – verständlicherweise irritiert. Aber »Vereinnahmung« im tiefschürfenden Sinn des Wortes kann das noch nicht sein.

Der Stachel sitzt angeblich tiefer. Es gehe entweder um die systemverändernde »Innovation« der Gruppen *gegen* die oder *neben* der etablierten Politik, oder um die vereinnahmende »Subsumtion« der Gruppen unter den Willen der etablierten Politiker und Professionellen *im* System. »Innovation« sei dabei »Förderung von Selbsthilfe unter Wahrung ihrer Autonomie bei Anpassung und Umstrukturierung des professionellen Sozial- und Gesundheitssystems«; »Subsumtion« stattdessen »Anpassung der Selbsthilfe an die Notwendigkeiten und Sachzwänge des professionellen Systems und die dahinterstehenden Interessen«[9]. Also, die subsumtiven »Kräfte des Systems« und die autonom-innovativen »Kräfte der Revolution« – eine wahrhaft manichäische Systemtheologie. Ob sich jemand »im System« oder »nicht im System« befinde, ist eine so unwirkliche Logelei wie die »externen Faktoren« der klassischen Ökonomie. Die Wirklichkeit des Systems ist eine andere: Man ist immer schon drin.

Man kann sich dabei sicherlich unterschiedlich anstellen. Man kann sich vom System distanzieren (normalerweise wird man das ein Stückweit immer tun); man kann auch gegen den Status Quo oder den Status Nascendi des Systems opponieren. Aber man ist immer schon drin und gehört dazu. Nolens volens. Man kann neue Interessen gegen alte stellen, das ja – und das ist, was geschieht. Vereinnahmt worden sind die Gruppen nicht. Einnahmen haben sie erzielt. Eigeninteressen haben sie angemeldet und teilweise auch durchgesetzt. Nicht üppig, gewiß, aber anderswo sieht das für die Projekte noch knapper aus, und zu Zeiten der SPD-Regierung war das nicht anders. Damals gab es überhaupt noch keinen solchen Fonds, und die meisten Projekte pflegten zu verlautbaren, man wolle auf »Staatsknete« verzichten, um sich nicht zu korrumpieren.

Die Furcht, man könne sich in einem negativen, das heißt, identitätszerstörenden Sinn seiner Umgebung »anpassen«, ist immer schon Ausdruck einer Alltagspathologie – Ausdruck einer nicht gefestigten, einer überforderten, einer illusorischen Identität. Sie scheint ein typisches Entwicklungsphänomen zu sein, als Krise einer alten und als kreative Chance zu einer neuen Entwicklungsstufe. Sie ist deshalb lebensgeschichtlich nicht nur in der Pubertät und bei anderen Entwicklungsschüben der Persönlichkeit besonders ausgeprägt, sondern auch im modernen Bürgertum und den daraus hervorgegangenen Mittelschichten als den »pubertär« treibenden Klassenformationen in der Entwicklung der wissenschaftlich-technischen Zivilisation.

Historisch gesehen stammen die *modernen* Ideen über gesellschaftliche und lebensgeschichtliche Revolutionen aus der Sattelzeit um 1800. Damals hatte sich – mit der ursprünglichen industriellen Revolution, der englischen und der französischen Revolution, der amerikanischen Unabhängigkeit – »die Revolution« im Westen endgültig Durchbruch verschafft: eben jener epochale Übergang von der agrarisch-handwerklichen zur wissenschaftlich-technischen Zivilisation. Im Osten kam dieser Durchbruch über hundert Jahre später. Mit dem Ende des Zweiten Weltkrieges ist diese Epoche abgeschlossen. Die wissenschaftlich-technische Gesellschaft und ihr modernes Markt- und Staatsgefüge ist etabliert; wir verändern es weiterhin unaufhörlich, aber wir werden es auf unabsehbare Zeit nicht mehr »überwinden«, allenfalls hinter es zurückfallen.

»Wenn sie sich den fremden Schlaf aus den Augen gerieben hat«, heißt es in einem Text über die Bewegung, werde sie »merken, daß sie die Schuhe der Rebellion mit den Socken der Integration vertauscht hat, falls sie jemals rebellisch war«[10]. 1800 läßt grüßen! Nicht die 68er-Bewegung als solche, wohl aber ihre ganze System- und Systemüberwindungstheologie, ist nichts als Schall und Rauch vergangener Zeiten – und wer hineingeriet, gehört heute entweder zu einer desorientierten Generation oder mußte viel Energie aufwenden, um den Anschluß an die historische Wirklichkeit wiederzufinden. Erst infolge einer solchen bewußten und selbstbewußten politischen Reintegration kann sich die »Bewegung« als eine kreative regressive Episode auswirken, wie sie von Zeit zu Zeit nötig ist, um Anteile, die zu kurz zu kommen oder verloren zu gehen drohen, wieder ins Leben zu holen; wenn nicht, muß ein pathologischer Dauerzustand daraus werden.

Die »Systemüberwinder« unter den Projektaktivisten pflegen zu sagen, »der Senat« habe die Alternativ-, Hausbesetzer- und Selbsthilfebewegung durch seine Politik gespalten und befriedet. Richtig daran ist sicherlich, daß die damals an die Regierung gekommene CDU »Alternative« und »Anarchisten« auseinandersortiert hat[11]. In den »Alternativen«, als den verhandlungs- und kompromißbereiten Milch-und-Honig-»Müslis«, sah sie nicht ganz zu Unrecht entfernte Verwandte von sich; in den anderen, den »Anarchisten« als den gewaltverherrlichenden »Mollis«, Staatsfeinde. Das war für diese gemischte Versammlung von jugendlichen Dorfraufbolden und Großstadtdesperados sicherlich einige Nummern zu hoch gegriffen. Jedenfalls kamen die einen ins Fink-Töpfchen, die andern ins Lummer-Kröpfchen[12]. Nur: der damalige Senat hat diese Fraktionierung ja nicht erfunden, sondern vorgefunden. Der Staat ist für diese Fraktionierungen so wenig haftbar, wie Freud für die Neurosen der bürgerlichen Gesellschaft. Alle Zweige der neuen sozialen Bewegungen sind von solchen Fraktionierungen geprägt – zum Beispiel in der 68er-Zeit noch die »Systemveränderer« und »Selbstveränderer«; die strammen Organisationsfreaks und die lockeren Haschrebellen; die K-Gruppen und die Psychospontis; später in der Frauenbewegung die strammen Lesben und die Heteroemanzen; in der Alternativbewegung die Dilettanten und die Professionalisten; in der Selbsthilfebewegung die »politischen« Selbsthelfer und die »psychosozialen« Selbsthelfer; in der Hausbesetzerszene die Müslis und die Mollis; in der Partei Die Grünen die Fundamentalos und die Realos. Solche Fraktionierungen sind typisch für *jede* politische Gruppenbildung, auch für den damaligen Senat, in dem es ebenfalls Falken und Tauben, Hardliner und Softliner gegeben hat.

Die Alternativ- und Selbsthilfebewegung entwickelt sich natürlich in Wechselwirkung mit ihrer Umgebung, insbesondere – ihrer Staatsfixiertheit wegen – durch Konfrontation und Kooperation mit dem Senat. Aber kann man sagen, dieser habe die Gruppen durch seine Politik friedlich, angepaßt, etabliert und professionell »gemacht«? An ihren Autonomie- und Selbständigkeitsmythen gemessen, müßten sie sich bedanken. Wenn überhaupt, haben sie selbst sich so gemacht. Und zwar ebenso sehr, weil ihnen unter den gegebenen Bedingungen nicht viel anderes übrigblieb, wie auch, weil sie aus sich selbst heraus ziemlich genau das machen wollen und grosso modo auch nur das machen können, was sie da machen. Das verletzt allerdings Ich-Illusionen und ideologische Tabus. So ist die These, »der Senat« habe das gemacht, eine willkommene Entlastung.

»Der Staat« hat der Bewegung weder etwas weggenommen, noch sie vereinnahmt. Die Vorstellungen, die man sich in Regierung und Verwaltung ursprünglich von der Bewegung machte, waren mindestens so verkehrt wie die Vorstellungen, die sich die Bewegung vom Staat zu machen pflegte. Die Selbsthilfegruppen und der Senat haben das Feld von vornherein mit unterschiedlichen Absichten und Ambitionen betreten. Die Gruppen wollten »anders leben«, »anders arbeiten« und »anders helfen«; der Senat kam mit seinem Rüstzeug der »neuen sozialen Frage« und der damit verknüpften Subsidiaritätsprogrammatik. Beide Seiten hatten also ihre *eigenen* Vorstellungen, die aufeinandertrafen. Aus dieser Bewegung der eigenen Art entwickelt sich etwas, was sich ursprünglich *beide so nicht* vorgestellt hatten; artefaktische soziale Netze, das tertiäre Pädithen-Milieu, neue soziale Dienste, neue Berufsstände, Etablierung neuer Interessen. Die Frage, wer dabei wen wofür benutzt, erinnert an den Streit, ob der eine »Scheppe« den andern »Scheppen« einen »Scheppen« nennen dürfe.

Außerdem mußte der Senat der protestierenden Basis Angebote machen. Peter Glotz als SPD-Politiker hatte das zuvor auch schon getan. Jede Regierung hätte das tun müssen, sogar ein AL-Senat. Wenn die beteiligten Politiker dabei Ideen und Anliegen aus der Bewegung aufgegriffen und sich zueigen gemacht haben, ziert sie das mehr als daß es sie zeichnet. Daß »die da oben« auf einen achten, das ist es doch, was man sich normalerweise wünscht. Schwierig wird es, wenn dieser Wunsch mit anderen kollidiert, etwa dem, lieber andere »Eltern« zu haben als die gerade an der Regierung sind; oder »Väter«, die nur geben und nichts fordern; oder »Stiefväter«, die um ihrer lieben Anerkennung willen nur hinnehmen und nichts vorgeben.

Der konservativ-liberale Senat *hat* indes klare Vorgaben: Das System der vollprofessionalisierten Versorgung soll, wo möglich, lieber ab- als immer weiter ausgebaut werden (z. B. Abbau von teuren Bettenüberkapazitäten in den Krankenhäusern). Stattdessen sollen ambulante Dienste vor Ort (Sozialstationen) eingerichtet werden, und die Hilfe in und durch die »primären Netze« der Familie, Freundschaft und Nachbarschaft soll gestärkt werden. Von daher die unablässigen Bemühungen, ehrenamtliches Engagement in der Bevölkerung zu mobilisieren. Man kann dies als eine konservativ inspirierte Politik ablehnen und stattdessen anderen Konzepten den Vorzug geben, wahlweise dem liberalen Konzept einer weitgehenden marktwirtschaftlichen Privatisierung sozialer Dienste oder dem sozialistischen Konzept einer vollprofessionell durchrationalisierten Volkskommune, das heißt einer öffentlichen Vollversorgung aller mit Einkommen und Dienstleistungen. Solche Prioritäten wurzeln, wo sie nicht vom Zeitgeist umhergeblasen werden, in lebensgeschichtlich sehr tiefsitzenden Grundprägungen und kulturgeschichtlich entsprechenden Grundwerten. In einer entfalteten

Demokratie kann man darüber nicht mehr rechthaberisch richten wollen. Man kann nur an dem Tisch, an dem man nolens volens zusammensitzt, »sich einbringen« und versuchen, als Kompromiß ein gutes Ergebnis zu erhandeln.

Hier kommt nun ins Spiel, daß die neuen Helfer sich bei diesem Handel sozusagen »übers Ohr gehauen« fühlen. In einer Mischung aus Ärger und Anerkennung wird Fink und dem Senat attestiert, daß ihnen das Kunststück gelungen sei, mit Kleingeld große Politik zu machen. »Noch nie wurde über so wenig Geld so viel geredet«. Nicht nur also, daß sie sich um den Erfolg betrogen fühlen, den sie gern für sich beansprucht hätten, und der nun den politischen Gegner schmückt. Obendrein fühlen sie sich zu billig ausgezahlt; nicht so sehr hintergangen als mehr »ausgebeutet«; nicht so sehr durch eine Politik hinter ihrem Rücken als mehr »auf unserem Buckel«. Auch darüber kann man nicht willkürlich richten. Preise sind eine Frage kollektiv-normativer Bewertung und Setzung. Konsensfähig dürfte sein: Wenn sie zu gleichen Bedingungen genau so viel leisten wie andere, sollen sie auch genau so viel dafür bezahlt bekommen. Pragmatisch gilt: Wer dabei mehr Macht hat, bestimmt entsprechend mehr den Preis. Daß der Senat über mehr Macht als die Selbsthilfegruppen verfügt, mag wohl stimmen; daß die Alternativ- und Selbsthilfebewegung dem Senat machtlos ausgeliefert sei, stimmt nicht. Man lebt weit mehr *voneinander*, als es den Mollis und Hardlinern jeglicher Couleur recht sein könnte.

Aber ein grundlegender Gegensatz und als solcher eine Quelle unaufhörlicher Reibereien, wird bleiben: Der konservativ-liberale Senat hat den in seiner Subsidiaritätsprogrammatik ausgesprochenen politischen Willen, die weitere Ausbreitung vollprofessionalisierter öffentlicher Dienste lieber zu bremsen als zu beschleunigen; Wunsch und Wille der neuen Helfer im tertiären Pädithenmilieu ist es dagegen, ihre Profession möge bei Lebzeiten noch groß und prächtig heranwachsen, sich ausbreiten und den Sozialstaat erfüllen...

Selbsthilfe als Wirtschaftsfaktor

Zu Finanzstruktur und Haushaltsvolumen der Selbsthilfegruppen

Die Selbsthilfewirtschaft bewegt sich vorläufig noch in eher bescheidenen Dimensionen. Ihre langfristigen Wachstumspotentiale sind jedoch beträchtlich, denn das Gesundheits- und Sozialwesen gehört inzwischen zu den größten Wirtschaftszweigen überhaupt. Allein die gesetzlichen Krankenversicherungen wendeten 1984 fast 109 Mrd. Mark auf[1]. Das Sozialbudget der Bundesrepublik wies 1985 für medizinische und soziale Dienst- und Sachleistungen 146 Mrd. Mark aus[2]. Die privaten und öffentlichen Gesundheitsausgaben insgesamt liegen gegenwärtig bei 220 Mrd. Mark (und das ohne Arzneimittel)[3]. Das entspricht den Umsätzen der größten Industriebranchen wie etwa der Auto-, Öl- und chemischen Industrie. Vor diesem gigantischen Berg ist das Haushaltsvolumen der Selbsthilfegruppen und der mit ihnen sich entfaltenden neuen Dienste vorerst kaum zu erkennen. Es beträgt derzeit schätzungsweise 120 Millionen Mark jährlich[4]. Das macht noch nicht einmal ein halbes Promille der Gesamtbranche und nur etwa 0,08 Promille des Bruttosozialproduktes.

Das »Berliner Modell« setzt auch hier die Selbsthilfe- und Hilfe-zur-Selbsthilfe-Projekte Berlins in eine deutliche Vorreiterrolle. Obwohl natürlich alle Gruppen mehr Geld brauchen könnten als sie zur Verfügung haben, stehen sich gerade die Berliner Gruppen aufgrund des »Selbsthilfetopfes« vergleichsweise gut. Gegenwärtig liegt ihr jährliches Finanzvolumen bei schätzungsweise insgesamt 18 bis 23 Millionen Mark[5]. Das sind etwa 0,4 Promille des Berliner Bruttosozialproduktes.

Auf der Einnahmenseite findet sich eine fast vollständige Abhängigkeit von staatlichen Mitteln. Dies entspricht der Staatsfixiertheit der Gruppen bzw. begründet sie. Von einzelnen Ausnahmen abgesehen, sind 85–99% der Projektmittel öffentliche Mittel. Die meisten der Berliner Selbsthilfeprojekte erhalten oder erhielten Zuwendungen aus dem »Fink-Topf«, wobei dies bei 53% die einzige erhebliche Finanzquelle darstellt. Gefördert werden Projekte außer von der Sozialverwaltung auch von den Senatsverwaltungen für Jugend und Familie, für das Bau- und Wohnungswesen (mit vergleichsweise hohen Summen), für Wirtschaft und Arbeit (im Zusammenhang mit ABM-Stellen) sowie für Umwelt und Stadtentwicklung. Gelegentlich erhalten Projekte auch Lotto-, Buß- und Stiftungsgelder, z. B. von der Stiftung Arbeitslosenabgabe, der Deutschen Krebshilfe, dem Lions Club u. a. Diese Zuwendungen sind unregelmäßig und auch vom Umfang her immer nur ergänzend.

Das ohnedies eher geringe Potential zur Eigenfinanzierung wird von 12% der Projekte mehr oder weniger systematisch ausgeschöpft. Wo dies getan wird, decken die Eigenerlöse allenfalls 10–20%, seltener auch mehr als 30% des gesamten Projekthaushalts. Dies hat nicht nur mit der Besonderheit der »sozialen« Dienste zu tun, und nicht nur mit der Marktfeindlichkeit und unternehmerischen Unbeholfenheit mancher Projektaktivisten. Auch die Förderung in Form einer Fehlbedarfsfinanzierung, wie es im Fachdeutsch heißt, spielt hier eine Rolle: Der Staat zahlt, soweit das Geld nicht anderweitig beigebracht wird, es also fehlt, um den Bedarf zu decken. Streng gehandhabt würde jede selbst eingenommene Mark die Senatssubventionen um jeweils diese Mark verringern. »Dadurch«, heißt es in einem Projektbericht, »entsteht keine hohe Motivation zur Selbstfinanzierung«[6].

Auch die Spenden und Mitgliedsbeiträge, wie ebenfalls schon erläutert, schlagen nicht zu Buche. Es dürfte kein Zufall sein, daß das angelsächsische »Fund Raising« in der deutschen Sprache keine Entsprechung kennt. Ob dies ein Mangel ist, bleibt dahingestellt. Eher spricht es für die Überwindung dieses Mangels durch den Wohlfahrtsstaat. Wer um Spenden angegangen wird, verweist auf die hohen Steuern, die er ohnehin zahlt. Außerdem weiß man aus den USA, daß »Fund Raising« selbst viel Zeit und Geld verschlingt, nicht selten bis zur Hälfte der erzielten Spenden[7]. Dies entspricht übrigens in vielen Fällen der Zeit (und damit faktisch auch den »Kosten«), die Projekte bei uns aufwenden müssen, um Anträge zu schreiben und bewilligte Anträge abzuwickeln. Für die Projekte dürfte es letztlich keine großen Unterschiede machen, ob sie bei der staatlichen oder der privatwirtschaftlichen Bürokratie Klinken putzen[8]. Der Unterschied liegt allenfalls im Psychologischen – für Privatgeld bedankt man sich, für »Staatsknete« nicht.

Überraschend gering sind die Gelder, die Mitglieder aus eigener Tasche für die Gruppe aufwenden. 43 % geben an, überhaupt kein Geld aus dem eigenen Portemonnaie auszugeben; weitere 33 %, daß sich dies bei ihnen nur auf Fahrgeld, Kaffee und Kekse bezieht. Bei den restlichen 24 % dagegen kommt es zu kleineren oder größeren Aufwendungen – fünf oder zehn Mark Eigenbeteiligung pro Sitzung für ein Gruppentrainingsprogramm; dreißig bis fünfzig Mark monatlich für Film- und Fotomaterial; etwa noch einmal so viel für Geschenke und Mitbringsel.

Auf der Ausgabenseite dominieren längst die Personalkosten (siehe Kapitel über Professionalisierung). Auf sie entfallen grosso modo zwei Drittel bis vier Fünftel der Budgets. Diverseste Sachkosten bilden daneben relativ kleine Anteile. Kosten für Miete, Strom und Heizung etwa fallen bei 81 % der Projekte an und verbrauchen dort durchschnittlich 21 % des Haushalts. Aufwendungen für Werkmaterial und Werkstätten gibt es in 62 % der Projekte, wo sie 14 % der Haushalte ausmachen. Ansonsten gibt es eine Reihe von Posten, die je nach Projekt sehr unterschiedlich, aber immer im Kleinen anfallen: Druckkosten 3–5 %, Büromaterial 2–5 %, Spenden an andere Projekte 2–5 %, Reisekosten 2–5 %, Telefon/Porto 1–2 %, Bewirtungen 1–2 %, Rückzahlungen von Fördermitteln 1–2 %, Beiträge zur Berufsgenossenschaft 1–2 %, Bankgebühren und Versicherungsprämien 0,5–2 %[9].

Es fällt nun auf, daß nur wenige Projekte so viel bewilligt bekommen wie sie beantragen. Meist klafft hier zwischen dem Habensollen und Bekommenhaben eine beträchtliche Lücke. Noch 1982/83 beanspruchte der AK Staatsknete ohne weiteres 50 Millionen Mark für damals 95 Projekte[10]. 1983 beantragten dann 268 Projekte 34 Millionen. (138 dieser Projekte erhielten schließlich 4,1 Millionen.) 1984 wurden nur noch 18 Millionen beantragt, von denen 6,1 Millionen bewilligt wurden. Dieses Verhältnis von 3 : 1 zwischen beantragten und bewilligten Summen hat sich 1985 und 1986 stabilisiert[11].

Ganz offensichtlich fingen die Projekte mit Wunschvorstellungen an und wurden dann Jahr für Jahr erfahrener und damit auch »realistischer«. Inzwischen hat das »Realistischwerden« einen offenbar stabilen Grenzwert erreicht. Diese Tatsache kann in ihrem Kontext wohl nur so verstanden werden, daß hier die *tatsächliche Realbedarfsgrenze* der Projekte liegt. Das heißt, daß trotz des beispielhaft beschrittenen Weges der Förderung von Selbsthilfegruppen nach dem »Berliner Modell«, die meisten dieser Gruppen gegenwärtig tatsächlich noch »unter Bedarf« arbeiten und sie mit Räumlichkeiten, Material und Personal nach wie vor nur mangelhaft ausgestattet sind.

69 % der Gruppen erklären, daß ihre Tätigkeit durch mangelhafte Ausstattung spürbar beeinträchtigt wird. Als ausreichend betrachten ihre Ausstattung mit Räumlichkeiten nur 29 %, mit Geld 32 % und mit Arbeitsmitteln 43 %. Die Zahl ihrer festen Arbeitskräfte finden 39 % ausreichend (wobei hier auch alle Ehrenamtlichen mitgezählt sind).

Bei zwei Dritteln der Projekte fehlt also ungefähr von allem etwas. Das betrifft zunächst einmal geeignete Räumlichkeiten. Diese sind meist »zu laut«, »zu klein«, als Keller mit schmaler Stiege für eine Werkstatt oder ein Lager ungeeignet usf. An Geräten oder Werkzeugen hapert es vergleichsweise am wenigsten, aber dort, wo Projekte Werkstätten betreiben, mitunter auch am meisten: »Die Druckerei- und Schneidereimaschinen sind völlig veraltet. Es müßte eine neue Grundausstattung her. Eine neue Tischlerei wurde uns ja schon bewilligt, aber wir haben drei Werkstätten mehr zu betreiben«; »Wir bräuchten unbedingt eine größere Werkstatt und einen eigenen LKW, weil nur so Aufträge einholbar sind. Außerdem brauchen wir mehr Leute als Fahrer, und deshalb auch Geld, um den Führerschein zu machen, weil unsere Leute außer ihrer Stütze (= Sozial- und Arbeitslosenhilfe) ja nichts haben«.

Wenn von Mangel an Geld die Rede ist, bedeutet dies in der

überwiegenden Zahl der Fälle: Geld für Personal, besonders für feste Stellen. Trotz der Voll- und Teilzeitstellen, die es in der Mehrzahl der Projekte bereits gibt, erklären

7 % der Projekte, noch eine halbe Stelle zusätzlich,
24 % der Projekte, noch ein bis eineinhalb Stellen mehr, und
30 % der Projekte, noch zwei bis drei volle Stellen mehr

zu benötigen [12]. Je 7 % bräuchten noch zusätzliche Honorarmittel, Aufwandsentschädigungen und Fahrgelder (was z. B. bei Ausländerfrauen eine Rolle spielen kann).

Dieser Bedarf, bei dem die Gruppen tatsächlich der Schuh drückt, ist von den ebenfalls vorhandenen Wünschen an den Weihnachtsmann sehr deutlich zu unterscheiden. Bei diesen Wünschen an den Weihnachtsmann handelt es sich außer um wunderbare Räume und phantastische Planstellen vor allem auch um Computer fürs Büro, Videoanlagen für die Gruppenarbeit, sowie um Fotokopierer, Cassettenrecorder, Studioausrüstungen, Klaviere, Tischtennisplatten, Billardtische und feine weiche Polstermöbel.

Tatsache gegenüber diesen Wünschen bleibt, daß sich viele Projekte noch vom Sperrmüll bedienen und die neuen Helfer vorläufig auf sehr harten Stühlen sitzen. Bei den Projekten, die sich professionalisieren und dabei auch Beratungsdienste, Kriseninterventionen o. ä. auch für andere leisten, muß ein doppelt bis dreifach höherer Haushaltsbedarf, der auf Dauer im wesentlichen ein doppelt bis dreifach höherer Personalbedarf ist, als realistisch angenommen werden.

Man sollte dabei den Stand der Dinge nicht aus den Augen lassen und überhaupt den Sinn für Proportionen nicht verlieren. Zu den umstrittenen 7,5 Millionen des »Selbsthilfetopfes« schreibt Ellis Huber folgendes: »In Berlin werden pro Jahr mehr als 8 *Milliarden* Mark für ›Gesundheit‹ ausgegeben.

Der medizinische Dienstleistungskomplex mit seinen Folgeleistungen bei Krankheit, Invalidität und Rehabilitation verbraucht über 90 % der Mittel. Vorbeugende und betreuende Maßnahmen und psychosoziale Bewältigungs- und Präventionsdienste erhalten weniger als 10 %.

Die AOK Berlin, die etwa die Hälfte der Berliner Bevölkerung versichert, zahlte 1983 pro Mitglied:

1.408 Mark für Krankenhauspflege,
473 Mark für ärztliche Behandlung,
352 Mark für Arzneien aus Apotheken,
310 Mark für zahnärztliche Behandlung,
133 Mark für Verband-, Heil- und Hilfsmittel,
17 Mark für häusliche Krankenpflege und Haushaltshilfe.

Die Förderung für Selbsthilfe- und Alternativprojekte entspricht ca. 4 Mark pro Einwohner und Jahr«[13].

Selbst wichtigste Gremien der Parteien und des Berliner Abgeordnetenhauses debattieren stundenlang und wiederholt über diese 4 Mark. Die anderen und ungleich höheren der aufgelisteten Beträge führen in denselben Gremien, wenn sie überhaupt auf der Tagesordnung stehen, allenfalls zu einem meist müden Handaufheben. Es scheint mir eine wenn schon nicht verkehrte, so doch etwas fehlproportioniert-verzerrte Welt, in der die Mitglieder solcher Gremien Hände heben. Als jemand, der sich von der Berechtigung der Standpunkte anderer Leute bedrängen läßt, fühlt man sich unwohl, wenn in diesem Politikfeld dann die einen den anderen »Realitätsverlust« vorwerfen.

Arbeitsmarktwirkungen der Selbsthilfe

Für die Arbeitsplätze gilt zunächst ähnliches wie für die Haushaltsvolumina: Es könnten gut und gerne doppelt bis dreimal so viele sein, aber auch dann wären es immer noch sehr wenige. In den Berliner Selbsthilfeprojekten gibt es gegenwärtig ca. 240 Volzeitstellen und 790 Teilzeitstellen[14]. Der Anteil der Teilzeitbeschäftigten ist, wie schon erläutert, unfreiwillig hoch, aber dennoch nicht ganz untypisch für die Branche. Bei den Verbänden der freien Wohlfahrtspflege arbeitet fast jeder vierte teilzeit, im Gesundheitswesen allgemein sind es fast 40 %[15].

Die weiteren Beschäftigungsaussichten der Ganztags- wie der Teilzeitkräfte sind vorerst unklar. Inzwischen sind wohl schon über ein Drittel dieser Stellen Arbeitsbeschaffungsmaßnahmen.

Insgesamt sind über die Hälfte der Stellen befristet, oft bei nur jährlichen Verträgen bzw. Bewilligungen. Neben den Hauptamtlichen werden noch ca. 650 Honorarkräfte mit einer Doppelstunde wöchentlich beschäftigt[16]. Hierzu kommen des weiteren noch rund hundert Berufsausbildungsplätze für Problemjugendliche sowie etwa 80 mehr oder weniger regelmäßige Praktikumsgelegenheiten.

Akzeptiert man die Realbedarfs-Faustregel von 3:1 und die berichteten Engpässe bei den Teilzeit- und Honorarkräften, so könnten – würden entsprechende Mittel eingesetzt – von heute auf morgen 1000–1500 Vollzeitstellen und 1500–2000 Teilzeitstellen besetzt werden, *ohne* daß es zu Fehl- bzw. Überbesetzungen käme. Das ist deutlich mehr als das, womit die Projekte vor erst zwei oder drei Jahren begonnen haben; aber es ist auch deutlich weniger als das »Modell Berlin« von Grottian/Kück, demzufolge »10000 neue Arbeitsplätze im Selbsthilfe- und Alternativbereich« ohne weiteres zu schaffen wären[17/18]. Haas meint gar, im Selbsthilfe- und Alternativsektor Berlins »bis zu 50000 weitere Menschen gegen Entgeld arbeiten« lassen zu können[19]. So viele Arbeitsplätze konnten z. B. mit dem LIP-Programm in ganz Kanada erst während ganzer fünf Jahre geschaffen werden[20].

Dennoch könnten die vorerst noch zu hoch gegriffenen Zahlen im Laufe der Zeit in Reichweite rücken. Vermutlich wird das auch geschehen – aber erst, wenn das neue Berufsfeld noch besser bereitet sein wird und die neuen Berufsbilder besser abgeklärt sein werden und erst, wenn die Weltwirtschaft sich wieder in einem stabilen langen Aufschwung befindet und die Staatshaushalte allgemein wieder saniert sein werden. Solange dürften die Selbsthilfepioniere im tertiären Milieu häufig noch mit den zweit- und drittbesten Angeboten des »zweiten und dritten Arbeitsmarktes« und überhaupt mit improvisierten Zwischenlösungen Vorlieb nehmen müssen.

Arbeit wegnehmen tun sie dabei normalerweise niemandem. Wie im Kapitel über die Leistungen der Selbsthilfegruppen ausgeführt, bieten sie zusätzliche und ergänzende Dienste an. Für die Annahme, Selbsthilfegruppen würden bestehende Arbeitsplätze gefährden, gibt es deshalb keinerlei wirkliche Anhaltspunkte[21]. Das Gegenteil trifft zu: Zusätzliche neue Arbeitsplätze werden geschaffen, und zwar von der heutigen Pioniergeneration der neuen Helfer, mit so gut wie nichts, aus dem schwarzen und grauen Sektor der Wirtschaft und dem prekären Sektor des Arbeitsmarktes heraus. Den Weg vom Arbeits- und Sozialamt übers Ehrenamt zum regulären Hauptamt gehen die neuen Helfer unter Aufbietung großer persönlicher Energien und Opfer – aber gewiß auch mit Unterstützung von »Stiefvater« Staat, ohne dessen subsidiäre Hilfe dieser Weg weitgehend versperrt bliebe[22].

Die reifen Früchte ihrer Pioniertaten aber werden wohl erst den nachkommenden Generationen der dann nicht mehr ganz so neuen Helfer in den Schoß fallen. Die Generation der heute 25–40jährigen hat der beschäftigungspolitische Undank des Vaterlandes längst ereilt. Aber auf beschäftigungspolitischem Gebiet lag die Bedeutung der Selbsthilfebewegung von vornherein nicht.

Der Geldwert der in Selbsthilfegruppen geleisteten Arbeit

Die Arbeit, die von den Berliner Selbsthilfegruppen heute jährlich erbracht wird, kann mit über 60 Millionen Mark veranschlagt werden. Dies entspricht rund dem Dreifachen dessen, was sie an öffentlicher Unterstützung erhalten.

Der Summe von über 60 Millionen Mark liegt ein Bruttostundenverdienst von 18 Mark zugrunde. In vielen Fällen höher qualifizierter Tätigkeit ist das zu wenig; der gesamte Geldwert läge dann entsprechend höher bei ca. 70–80 Millionen Mark.

Die Stunden, die Gruppenmitglieder in eigener Sache in der Gruppe verbringen, sind hierbei selbstverständlich nicht gerechnet, so wenig wie freiwillige Arbeiten, die nur gelegentlich außer der Reihe, dann aber durchaus in beträchtlichem Umfang anfallen können. Gezählt wurden dagegen alle Stunden, die ehrenamtliche und bezahlte Kräfte in fester Funktion erbringen. Dabei stehen den 1030 Hauptamtlichen und 650 Honorarkräften noch 2100 ehrenamtliche Kräfte gegenüber. (Vgl. Kapitel über die Beschäftigung fester Kräfte.) Bei den Hauptamtlichen wurden auch ihre regelmäßigen (unbezahlten) Überstunden mitgezählt. Daraus ergibt sich folgendes Bild[23]:

Arbeitskräfte in fester Funktion		jährliche Stundenleistung	Geldwert jährlich
vollzeit	240 Pers.	580 800 Std.	10,5 Mio. DM
teilzeit	790 Pers.	1 194 880 Std.	21,5 Mio. DM
Honorarkr.	650 Pers.	62 400 Std.	2,2 Mio. DM
ehrenamtl.	2 100 Pers.	1 570 800 Std.	28,3 Mio. DM
zusammen	3 780 Pers.	3 408 880 Std.	62,5 Mio. DM

Tab. 2: Arbeitskräfte, Arbeitsstunden und Geldwert der Arbeit in Selbsthilfegruppen.

Die Proportionen in obiger Tabelle entsprechen recht genau jenen, die man von den etablierten Wohlfahrtsverbänden kennt. »Die sozialen Dienste«, hieß es dazu in einer Prognos-Studie von 1984, »speziell die Träger der Freien Wohlfahrtsverbände, erfüllen einen erheblichen Teil ihrer Leistungen mit Hilfe des Einsatzes ehrenamtlich Tätiger. 1981 standen einem Bestand von knapp 600 000 hauptberuflichen Mitarbeitern schätzungsweise ca. 1,5 Millionen ehrenamtliche Mitarbeiter gegenüber. Nach einer überschlägigen Rechnung der freien Wohlfahrtsträger beträgt der Wert der von Ehrenamtlichen und Ordensangehörigen erbrachten Leistungen etwa 5,5 Milliarden Mark im Jahr«[24]. Die neuen Helfer treten also auch in dieser Hinsicht in die Fußstapfen der alten.

Kosten und Nutzwert der Selbsthilfe

Ein erster Hinweis auf den wirtschaftlichen Nutzen der Selbsthilfe liegt in den über 60 Millionen Mark Geldwert, den ihre Arbeit repräsentiert. Vergleicht man sie mit den 18–23 Millionen Mark, die sie aus diversesten Quellen an öffentlicher Unterstützung insgesamt erhalten, kann man sagen: Jede in Selbsthilfe und neue soziale Dienste investierte Mark mobilisiert zusätzliche Arbeit im Wert von zwei bis zweieinhalb Mark[25]. Der kalkulatorische Nutzen ist offensichtlich.

Gewiß läßt sich auch über den Nutzen solcher Kalkulationen debattieren. Nicht wenige Gruppen sträuben sich mit Händen und Füßen, ihre Leistungen nach Mark und Zahl zu bewerten bzw. bewerten zu lassen[26]. Sie tun so, als entweihe man damit ihr Handeln. Das wäre zu verstehen und auch zu respektieren, wäre es die reine unbezahlte Mission, die sie da empfangen haben, und ginge ihr ganzes Streben nach nichts als Eros und Sophia. Tatsächlich aber ist die abwehrende Haltung der Gruppen unverständlich. Denn die Gruppen selbst sind Dienstleistungsvereine auf Gegenseitigkeit, das heißt, ihr Handeln ist geprägt vom parawissenschaftlichen Logos des Pädithen-Verhaltens und beherrscht von einer paraökonomischen Zeit- und Zuwendungsrationalität. Zudem ist es der ausdrückliche Wunsch und Wille der neuen Helfer in diesen Gruppen, sich zu etablieren und zu professionalisieren. Die Frage, was sie leisten und ob sie ihr Geld auch wert sind, müssen sie sich da wohl gefallen lassen – und sie brauchen diese Frage nicht im geringsten zu fürchten. Denn wie spätestens im Kapitel über die fachlichen Leistungen und Wirkungen der Selbsthilfegruppen klar geworden sein dürfte, haben sie in puncto Wohlfahrtsökonomie reichlich Pluspunkte vorzuweisen.

Sicherlich kann man diesen Nutzen kaum im Sinne einer betrieblichen Kosten-Nutzen-Bilanz messen. Die Kosten der Selbsthilfegruppen mögen ja noch bezifferbar sein, ihre Erträge aber nicht oder nur sehr unvollständig. Davon abgesehen mißachtet eine gewöhnliche Kosten-Nutzen-Analyse in der Regel externe Effekte (wie z. B. Umwelt-, Gesundheits- und sonstige Folgekosten) und vermittelt deshalb auch nicht immer das wahre

Bild der wirtschaftlichen Wirklichkeit. Dennoch: in dem Maße, wie in der Sozialpolitik die Dienstleistungen im Vergleich zu den Geldleistungen weiter zunehmen, wird sich auch die Frage der wirtschaftlichen Bewertung von sozialen Diensten in entsprechend zunehmendem Maß stellen. Man wird dabei zwar nicht Kosten-Nutzen-Analysen im Sinne der Betriebswirtschaftslehre erstellen können. Worum es aber geht, sind Kosten-Nutzwert-Erwägungen[27]. Ihr Anspruch ist nicht, auf Punkt und Komma genau, wohl aber evident und plausibel zu sein. Es dürfte ja, um mit Karl Popper zu sprechen, tatsächlich vernünftiger sein, ungefähr richtig als genau falsch zu liegen.

Dazu bietet sich zunächst eine Betrachtungsweise an, die sich in der Umweltökonomie schon bewährt hat. Dort werden häufig Umweltschutzkosten und Umweltschadenskosten einander gegenübergestellt. So kann man z. B. feststellen, daß strengere Luftreinhaltebestimmungen jährliche Kosten in Höhe von vielen Millionen Mark bewirken würden, daß aber, ohne diese Aufwendungen, die jährlichen Verluste allein durch Waldschäden wenigstens 5,5 Milliarden Mark betragen[28]. Es ergibt sich so als Erfahrungsregel, daß die Umweltschutzkosten meist nur einen Bruchteil der Kosten jener Schäden betragen, die durch sie vorbeugend vermieden oder nachträglich repariert werden. Bei der Luftreinhaltung beträgt z. B. das Verhältnis der Umweltschutzkosten zu den sonst eintretenden Schadenskosten 1:15[29]. Ohne Umweltschutz beziffern die Schadenskosten also tatsächliche Schäden; mit Umweltschutz sind es kalkulatorische Schäden, die *sonst* entstünden, wenn...

In gleicher Weise kann man nun einen Vergleich anstellen zwischen den Kosten für bestimmte soziale Dienste und Selbsthilfeförderung auf der einen Seite und andererseits den Kosten für sonst anfallende Interventionen, wenn erstere nicht geleistet würden. Man kann in diesem Sinn von *Selbsthilfekosten und Sonstkosten*, bzw. dem *Selbsthilfenutzen und Sonstnutzen*, sprechen. Dazu im folgenden einige Beispiele.

Ambulante Dienste

Der »Ambulante Dienste e. V.« ist aus einem Alternativprojekt hervorgegangen. Er leistet Pflege und Betreuung für Behinderte, und das sieben Tage die Woche mit Notdienst und Rufbereitschaft. Monatlich werden 3500 Einsätze mit zusammen 8000 Stunden geleistet[30]. Die Stunde kostet 10 Mark, die Gesamtleistung also 80000 Mark. Die Sozialstationen der Verbände nehmen demgegenüber 18 Mark die Stunde. Bei ihnen würde die gleiche Leistung damit 144000 Mark kosten. Das ist um 85% teurer. Die Differenz zwischen alternativer und etablierter Pflege beläuft sich im Jahr auf 768000 Mark; aus dem Selbsthilfetopf erhält der Verein 15500 Mark. Mit diesen 15500 Mark spart der »Fink-Topf« dem eigenen Haus und anderen Kostenträgern also Sonstkosten in Höhe von 752500 Mark – ein satter »Selbsthilfegewinn«.

Dies ist vorweg übrigens eines der wenigen Beispiele, die sich aus gewerkschaftlicher Sicht problematisch ausnehmen. Die »Ambulanten Dienste« sind nämlich nur deshalb so billig, weil von den ca. 100 Helfern 80 Studenten sind. Sie helfen hier noch nicht im Hauptberuf, sondern zwecks Nebenverdienst:

> »Wir haben massenhaft Leute und können deshalb die billigste und schnellste Hilfe anbieten. Die Einsatzstunde der Verbände ist außerdem nur 50 Minuten lang. Wir machen zudem auch Kurzeinsätze, z. B. je eine halbe Stunde morgens und abends. Auch in wegen der Anfahrt extrem ungünstigen Fällen finden wir innerhalb von maximal vier Tagen einen Helfer. Überhaupt finden wir immer jemanden, gerade in der gegenwärtigen wirtschaftlichen Lage. Die Studenten, die bei uns arbeiten, haben eben auch geringere Ansprüche als die professionellen Krankenschwestern von den Verbänden, sie wissen auch, daß sie diesen Job nur für ein oder zwei Jahre machen, solange es ihnen ihr Studium eben ermöglicht. Deshalb sind auch ihre Ansprüche ganz klar niedriger. Auf diese Weise können wir wirklich Hilfe an jedem Ort und zu jeder Zeit und in jedem Umfang anbieten[31].«

Die billigere Alternative zu den etablierten Wohlfahrtsverbänden war hier bewußt gewollt. Würde das Beispiel Schule machen, würde dies fraglos zu einer unguten Lohndrückerei führen. Andererseits zeigt sich deutlich, daß die BAT- und ÖTV-Mentalität hier einen Bedarf ignoriert, der nun einmal vorhanden ist und dem nachzukommen die Studenten sich nicht zu schade sind. Ein anderes Beispiel hierfür sind die selbstverwalteten Jugendzentren:

»Kein städtisches Jugendhaus ist so billig im Unterhalt wie ein selbstverwaltetes Jugendzentrum, das getragen wird vom Engagement einer Initiativgruppe und nicht so sehr von der BAT-Einstufung der Sozialarbeiter. Wobei ich nicht das Engagement der Sozialarbeiter abwerten möchte... Aber die Arbeitszeit richtet sich eben nach dem BAT, um dessen Einhaltung gekämpft wird. Zu Recht wird darum gekämpft. Das erfordert jedoch Mehreinstellung von Sozialarbeitern, um den Betrieb aufrecht zu erhalten, was dann heißt, daß am Wochenende das Haus meistens dicht ist, weil die Mittel dafür halt doch nicht mehr ausreichen. Das sieht dann so aus, daß in Frankfurt 6 Millionen Mark für die städtischen Jugendhäuser ausgegeben werden, für eine vergleichbare Anzahl Einrichtungen der Initiativgruppen werden 1 Million Mark bereitgestellt. Das ist also schon ein etwas günstigeres Angebot, was da gemacht wird[32].«

In der Dienstwirtschaft ist mit fixen Arbeitszeitblöcken eben immer weniger Staat zu machen. Flexibilität heißt die Botschaft. Wer sie nicht hört, den wird es die Kundschaft fühlen lassen.

Das fängt im Zusammenhang der Krankenpflege ja schon damit an, stationäre Pflege – wo dies fachlich unbedenklich ist und gewünscht wird – durch ambulante Pflege zu ersetzen. Nicht nur ist diese Lösung meist, wenn auch nicht immer, die menschlichere; sie ist auch die billigere. Häusliche Krankenpflege durch eine reguläre Sozialstation kostet täglich 35 Mark. Rechnen wir dazu drei Stunden Hauspflege zu 18 Mark die Stunde. Macht zusammen 89 Mark. Die vergleichbaren Pflegekosten im Krankenhaus liegen bei 200 Mark. 60% der ambulanten Pflegefälle tragen dazu bei, stationäre Pflege zu verkürzen oder zu vermeiden. Das ergibt bei gegenwärtig etwa 6000 ambulanten Pflegefällen in Berlin eine Ersparnis von 400000 Mark täglich oder 2,8 Mio. wöchentlich[33]. Man kann sich auch so vor Augen führen, wie sehr die medizinisch-soziale Dienstwirtschaft zu einem Big Business geworden ist. Amerikanische Krankenkassen fördern deshalb den Umbau der Versorgung durch Abbau der Krankenhauspflege und Aufbau der häuslichen Pflege schon viel offensiver als die deutschen – »home cheap home«.

Selbsthilfegruppen AIDS

Die Zahl der an AIDS Erkrankten steigt weiterhin exponentiell. 1986 gibt es in der Bundesrepublik ca. 700 manifeste Fälle, davon etwa 160 alleine in Berlin. Die Verdoppelungsrate liegt gegenwärtig bei 12 Monaten. Ein AIDS-Fall verursacht von seiner Manifestation bis zum Tod Kosten für medizinische Behandlung, später auch für Zuschüsse zum Lebensunterhalt und für Krankenhauspflege, die sich auf etwa 65000 Mark belaufen[34]. Daraus ergeben sich schätzungsweise Kosten von

1986	45 Millionen Mark
1987	91 Millionen Mark
1988	182 Millionen Mark
1989	364 Millionen Mark[35].

Nun haben sich gerade auch auf diesem Gebiet Selbsthilfegruppen gebildet. Aus ihnen ist in Berlin inzwischen die Berliner AIDS Hilfe und der Bundesverband Deutsche AIDS Hilfe hervorgegangen. Die Deutsche AIDS-Hilfe betreibt schwerpunktmäßig Aufklärungskampagnen für »Safer Sex«, während die Berliner AIDS-Hilfe, über diese Aufklärungsarbeit hinaus, vor allem Betroffene betreut und ihnen mit Rat und Tat unter die Arme greift. Der Bundesverband wurde 1985/86 von der Bundeszentrale für Gesundheitliche Aufklärung mit rund 2,5 Millionen Mark und beide Projekte vom Berliner Senat 1985 mit zusammen rund 121000 Mark gefördert[36]. Diese Ausgaben hätten sich schon ab dann sozusagen »bezahlt« gemacht, wenn 41 Personen, die sich sonst angesteckt und das volle AIDS-Syndrom entwickelt hätten, infolge der Projektarbeit nun »Safer Sex« praktizieren. Mit jeder weiteren gesund gebliebenen Person

»rentiert« es sich dann schon, weil sich je Person eine Schadensvermeidung von 65 000 Mark ergibt. Längerfristig folgen aus der verlangsamten Beschleunigung der Ansteckungsrate noch weit höhere Entlastungen. Die Depeoration (vgl. Kap. über fachliche Leistungen) verhindert die sonst weitergehende Verschlimmerung der Situation, und damit fallen die Selbsthilfekosten geringer aus als die Sonstkosten.

Selbsthilfegruppen bei chronischen Krankheiten

Von den Selbsthilfegruppen nach Krebs wurde bereits berichtet. Sie wirken u. a. dahin, individuell sonst ausgedehntere Krankenhausaufenthalte, die Häufigkeit von Arztbesuchen, Laboruntersuchungen und den Medikamentenverbrauch zu verringern. Dieser Effekt zeigt sich praktisch bei allen vergleichbar schweren und chronischen Erkrankungen. Die Sonstkosten gehen hier fraglos in Hunderte von Millionen. Im folgenden ein einfaches Beispiel einer Selbsthilfegruppe für Anfallkranke. Einer solchen Gruppe mag es gelingen, etwa sechs Leute im Jahr anfallfrei zu halten. Dadurch entfallen etwa 6 mal 10 Tage Krankenhausaufenthalt zu 350 Mark. Das sind 21 000 Mark Sonstkosten, die eine einfache Selbsthilfegruppe auf diese Weise sparen hilft. Gefördert werden solche Gruppen z. B. mit 4000 Mark; vielleicht auch einmal mit mehr, dafür ein andermal wieder mit nichts. Das ist ein Kosten-Nutzen-Verhältnis von rund 1 : 5[37].

Stokes berichtet von einem Zweijahresversuch mit Diabetikern in Südkalifornien. Patienten in Selbsthilfegruppen wurden zu zwei Dritteln weniger Koma-Patienten als andere. Sie ersparten sich damit nicht nur Leid, sondern sich und dem Krankenhaus auch 1,4 Mio. Dollar. Bluter in Selbsthilfegruppen verurachen 45 % weniger Behandlungs-, Medikamentenkosten u. ä. als Bluter, die nicht in Selbsthilfegruppen eingebunden sind[38].

Der sogenannte Krankenstand beläuft sich heute auf 7–8 % der Bevölkerung. Als wirklich arztbedürftig gelten 2 %[39]. Auch Selbsthilfegruppen werden diese Kluft bei ihren Leuten nicht schließen, aber sie doch verringern. Selbst wenn sie das nur zu einem Drittel oder Fünftel tun, vermeiden sie damit jährliche Sonstkosten in Millionenhöhe. Darüberhinaus bestehen durch Selbsthilfemedizin nicht nur solche *Entlastungs*effekte, sondern auch unmittelbar realisierbare *Einsparungs*effekte. U. Geißler bezifferte sie 1982 auf 4,5 Mrd. Mark[40].

Selbsthilfe bei Sucht, Verwahrlosung und Straffälligkeit

Gruppen im Bereich der Drogen- und Alkoholtherapie bilden das Standardbeispiel dafür, wie durch Selbsthilfe Kosten gespart oder Sonstkosten vermieden werden. Das hat damit zu tun, daß hinter Suchtproblemen im wesentlichen Identitätsprobleme stehen. Davon verstünde der Pfarrer allemal mehr als der Arzt. Da hier die starken Oberflächenphänomene aber schon als des Pudels Kern, und Süchtige nun einmal als krank gelten, gehen sie, wenn schon, eher ins Krankenhaus als in die Kirche. Die Behandlung dort ist entsprechend unwirksam, und sündhaft teuer. (Wozu allerdings B. Wesel anmerkt: »Auch die katholische Kirche war keine preiswerte Einrichtung[41].«)

Die Suchtproblematik kann wirtschaftlich unterschiedlich ins Gewicht fallen. Nehmen wir als eine erste Variante den Allerweltsfall, daß ein Betrunkener am Bahnhof Zoo liegt oder randalierend durch die Umgebung zieht. Es kommt die Feuerwehr oder die Polizei. Sie bringen diese »hilflose, nicht vorläufig festgenommene Person« in Gewahrsam oder gleich ins Krankenhaus. Das kostet schon einmal, je nachdem, was gemacht wird und wie lange das dauert, 67 bis 133 Mark[42]. Im Krankenhaus werden sie, wiederum je nach Fall, zwei bis drei Tage oder auch zwei bis drei Wochen dabehalten. Das kostet 400 bis 3500 und mehr Mark. Während dieser Zeit werden meist Laboruntersuchungen durchgeführt, u. a. wiederholter Nachweis der Leberzirrhose, was auch auf einige hundert Mark kommt. Eine derartige Behandlung des einfachen Säufer- und Pennerelends kommt also auf 500 bis 4000 Mark. Hierbei pflegt sich der ganze Vorgang bei gewissen Patienten in mehrmonatigen oder sogar auch mehrwöchigen Abständen zu wiederholen. Man spricht dann von Drehtürpatienten.

Als zweite Variante sei hier die regelrechte klinische Drogen- oder Alkoholtherapie genannt. Sie dauert einige Monate und kostet wenigstens 20000 Mark. Redlicherweise muß man sagen, daß das Verfahren immer seltener angewandt wird. Aber wo dies noch geschieht, wird das Geld buchstäblich zum Fenster hinausgeworfen. Denn die Erfolgsquote der klinischen Therapie ist eine Mißerfolgsquote. Nur 0–5 % der Behandelten bleiben auf Dauer trocken. Sozialtherapeutisch orientierte Einrichtungen kommen dagegen immerhin schon auf 30 %[43]. Aber nur die Selbsthilfegruppen haben echte Erfolgsquoten von über 50 %. Wer z. B. bei Synanon oder Release ein Jahr und länger durchhält, hat »eine 75prozentige Chance, daß er von dem Zeug loskommt«[44]. Ein kleines Berliner Projekt hat in seiner bisher über dreijährigen Existenz für seine zehn Betroffenen sogar eine Erfolgsquote von praktisch hundert Prozent erzielen können.

In einer dritten Variante kommt zur Sucht die Straffälligkeit, etwa durch Körperverletzung bei Gewalttaten, wie sie im Suff begangen werden, oder durch Beschaffungskriminalität von Drogenabhängigen: Überfälle, Einbrüche, Betrügereien. Allein diese Schäden gehen in die Millionen. Ebenso die Gerichtskosten. Ebenso der Vollzug. Die täglichen Kosten für einen »Knacki« liegen in Berlin bei 120 Mark[45]. Man macht sich das normalerweise nicht klar, daß selbst gute Hotels billiger kommen als ein Platz im Knast[46].

Als weitere Varianten könnte man nun noch die Stufen der Verwahrlosung nachvollziehen, die Alkohol- und Drogenabhängige für gewöhnlich durchlaufen. Das beginnt wenigstens mit Erwerbslosigkeit und ihren hohen Folgekosten für die öffentliche Hand. Sie betragen pro Arbeitslosen durchschnittlich 30000 Mark jährlich[47]. Und das hört beim Nachgehen durch die Sozialarbeiter der sozialpsychiatrischen Dienste bei den Bezirksämtern noch lange nicht auf. Man kann die Varianten der Sucht, Straffälligkeit und Verwahrlosung auch kombinieren. Es sei hier darauf verzichtet, das alles noch genauer auszumalen[48].

Nehmen wir nun an, daß es allen Berliner Selbsthilfegruppen gelingt, insgesamt 300 Abhängige für ein Jahr »trocken« oder »clean« zu halten. Das dürfte der Wirklichkeit grosso modo nahekommen.

Bei Variante Eins ergeben sich daraus vermiedene Sonstkosten von, je nach Ausprägung der Fälle, 150000 bis zu 2 Millionen Mark.

Bei Variante Zwei liegen die Sonstkosten schon um 6 Millionen Mark.

Bei Variante Drei käme alleine der Strafvollzug schon auf über 7 Millionen, mit Verfolgungs- und Gerichtskosten auf 8–9 Millionen, mit Schadenskosten sicherlich auf 10 Millionen Mark.

Aus dem Selbsthilfe-Topf erhielten die Berliner Gruppen im Bereich Sucht 1985 rund 310000 Mark. Einschließlich ABM-Mitteln und Zuwendungen aus anderen Quellen, wird man ihre Selbsthilfekosten mit etwa einer halben Million Mark veranschlagen können. Bezieht man sich bei den durchgespielten Varianten auf die mittleren Größenordnungen, kann man sagen, daß sich das Verhältnis der Selbsthilfe- zu den Sonstkosten zwischen 1:4 bis 1:10 bewegt. Das Ergebnis ist wiederum eindeutig – gut angelegtes Geld.

Ein weiteres Beispiel bieten Rehabilitationsmaßnahmen für Alkoholiker. Diese sind bei den schwereren Fällen nötig, um Rückfälligkeit zu vermeiden. Sie dauern etwa ein halbes Jahr und kosten, bei einem Tagessatz von 180 Mark, 30–35000 Mark pro Fall. Eine Ergänzung oder sogar Alternative hierzu bieten nun alkoholfreie Begegnungsstätten (»Saftbar«). Diese Orte sind Anlauf-, Treff- und Haltepunkt für die Betroffenen. Ein solches Projekt erhält jährlich rund 24000 Mark Förderung. Alleine diese Summe ist schon weniger als die wenigstens 30000 Mark für einen einzigen Rehabilitationsfall. Erspart eine alkoholfreie Begegnungsstätte ein, zwei, drei usw. Leuten den Besuch der Rehabilitationsmaßnahme, beträgt das Selbsthilfe-Sonstkosten-Verhältnis 1:1, 1:2, 1:3 usw.

Selbsthilfegruppen in der Psychiatrie

Die Zahl der vermeidbaren Einweisungen in stationäre Behandlung (bzw. Verwahrung) ist im sozialpsychiatrischen Bereich relativ noch größer als im sonstigen Gesundheitswesen. Die stationären Einrichtungen schossen hier traditionell mit Kanonen auf Spatzen – und machten dadurch allzu leicht aus einer Episode einen klinischen Dauerfall. Deshalb kam in den 70er Jahren, nicht zuletzt durch die alternative Antipsychiatriebewegung, ein Restrukturierungsprozeß in Gang, der im wesentlichen darauf abzielt, stationäre Kapazitäten abzubauen und dafür die teilstationäre Behandlung, ambulante Dienste und Selbsthilfegruppen auszubauen. Klagen allenthalben lauten allerdings, daß dieser Prozeß – obwohl rhetorisch Konsens – in der Praxis nur sehr langsam und halbherzig vorangetrieben wird[49]. Dabei kann gerade auf diesem Gebiet wie auf keinem anderen mit weniger Geld eine bessere Versorgung erzielt werden.

Jährlich werden über 200000 Personen in die psychiatrischen Krankenhäuser eingeliefert. Die Hälfte von ihnen gehört zu den berühmten Drehtürpatienten[50]. Gerade diese können in Selbsthilfegruppen eine wirksame Betreuung erfahren. Nehmen wir an, daß sich bei gutem Zureden 5 % der Drehtürfälle auf den Weg ins Pädithenmilieu der Selbsthilfegruppen schicken lassen, und daß sich 70 % dieser Personen dort stabilisieren. Das wären 3500 Personen. Gingen sie in die Klinik, würde das durchschnittlich 26 Tage lang 200 Mark kosten; für alle zusammen 18,2 Millionen Mark. Würde man dagegen zur Betreuung dieser Personen Selbsthilfegruppen in angemessener Weise fördern, käme das auf 5,2 Millionen[51]. Das ergibt einen Selbsthilfe-/Sonstkosten-Quotienten von 1:3,5, und das bei voller Förderung.

Selbsthilfe im Bereich Jugend, Arbeitslosigkeit, Bauen

Im Bereich der selbstverwalteten Jugendhäuser, Jugendsozialarbeit, Jugendarbeitslosigkeit, Ausbildung und Beschäftigung sind Rechnungen der obigen Art nicht ganz so einfach aufzustellen. Das hat damit zu tun, daß hier die sozialintegrative Funktion der Gruppen ihre fachliche Funktion normalerweise bei weitem überwiegt. Außerdem sind fachliche Sonstinterventionen auf diesem Gebiet vielfältiger. Sie können fast alles bisher genannte einschließen (man denke nur an die Drogenproblematik und Jugendkriminalität) und noch vieles dazu, nicht zuletzt beispielsweise die inzwischen in die Milliarden gehenden Aufwendungen für Arbeitslosen- und Sozialhilfe. Von daher versteht sich aber bereits, daß gerade auf diesem Gebiet die sozialintegrative Wirkung der Selbsthilfegruppen Kosten für sonst fällig werdende fachliche Interventionen in buchstäblich unübersehbaren Größenordnungen erspart.

In Jugendausbildungsprojekten wird z. B. versucht, Straffällige, Drogenabhängige oder sonstige Problemjugendliche durch professionell geleitetes gemeinsames Wohnen und Arbeiten zu stabilisieren. Das Wohnen findet dabei in Form einer Wohngemeinschaft, das Arbeiten in Form von Ausbildungs- und Beschäftigungsmaßnahmen statt. Die meisten dieser Maßnahmen haben mit dem Baugewerbe zu tun. Diese Projekte unterscheiden sich von anderen dadurch, daß der Selbsthilfeanteil relativ klein, der professionelle Betreuungsanteil recht groß ist. Die Projekte scheinen deshalb vergleichsweise teuer zu sein. Z. B. können auf 30 Ausbildungs- und Wohngemeinschaftsplätze leicht sechs Sozialarbeiter und noch einmal sechs Fachausbilder und Projektmanager kommen. Das kostet dann pro Jahr ca. 1,2 Mio. an Personalkosten inclusive der Vergütungen für die »Azubis«, pro Platz bzw. Jugendlichem also ca. 40 000 Mark. Ein normaler Ausbildungsplatz in der sonstigen Wirtschaft kostet nur 5–9000 Mark[52]. Ein neuer *Arbeits*platz in der Industrie jedoch kostet umgekehrt durchschnittlich 147 000 Mark; hier dagegen nur 30–50 000 Mark[53]. Vor allem aber: ohne die Betreuung in diesen Projekten ist die Trinker- und / oder Knastkarriere der Jugendlichen in aller Regel vorprogrammiert. Wären die »Azubis« aber »Alkis« und »Knackis«, würde das die Allgemeinheit schon ca. 65 000 Mark pro Fall kosten. In ihren Jugendhilfeprojekten dagegen schaffen sie obendrein noch Nützliches – sich selbst eine Ausbildung und Erwerbstätigkeit, und außerdem renovierte Häuser, in denen sie oder andere wohnen. Und das wiederum tun sie erheblich billiger als jede Baufirma.

Zwar sind auch bei Selbsthilfe und Eigenarbeit die Baukostensubventionen nicht ganz niedrig. Sie liegen in Berlin gegenwärtig bei 800 Mark pro Quadratmeter. Aber für andere Bauprojekte sind 1200 Mark üblich[54]. Und gewiß muß auch bei Selbsthilfe ein

Großteil der Arbeit professionell erbracht werden. So erzeugen die rund 10 Millionen Mark Bauvolumen, die von den diesbezüglichen Berliner Projekten abgewickelt werden, auf dem Nachfrageweg Arbeit für mehr als 400 weitere Menschen[55]. Dennoch entfallen eine ganze Reihe von sonst üblichen Kosten. So gibt es keine Eigenkapitalverzinsung, keine Entschuldungsgewinne, kein Mietausfallwagnis und weniger Abschreibungen. Es ist kein zusätzliches Wohngeld, kein Härteausgleich und kein Aufwandszuschuß zu zahlen. Sind die Bauenden auch die späteren Nutzer, werden durch ihren direkten Interessenseinfluß erfahrungsgemäß ca. 15 % der Baudurchführungskosten eingespart. Daraus resultiert eine Verbilligung von insgesamt 30–40 Prozent gegenüber der sonst üblichen Baumodernisierung[56]. Einer der Stadtbau-Sozialpioniere auf diesem Gebiet schreibt:

> »Wir konnten verdeutlichen, daß unsere Projekte – nach anfänglicher Selbstausbeutung – auch bei voller Finanzierung kostengünstiger bleiben würden als annähernd vergleichbare staatliche Einrichtungen … Unser erstes Haus sollte abgerissen werden. Es gehörte einem Sanierungsträger, stand leer und war sehr heruntergekommen. Es hieß, die Wiederherstellung sei nicht lohnend. Die Kostenschätzung für Instandsetzung und Modernisierung lautete auf 130 Prozent vergleichbarer Neubaukosten. Wir schafften es mit 50 Prozent plus Selbsthilfe[57].«

Selbsthilfe im Bereich Familie, Kinder, Alte

Die sozialintegrative Wirkung der Selbsthilfeprojekte schlägt am deutlichsten schließlich bei den Projekten im Bereich Familie, Kinder, Alte und auch Ausländer zu Buche. Man stelle sich nur einmal vor, was es kosten würde, alle Alten, Pflegebedürftigen oder Kinder ausschließlich durch öffentliche Einrichtungen zu versorgen. So gibt es z. B. in der Bundesrepublik gegenwärtig schon mehr als 10 Millionen Bürger/innen, die über 65 Jahre alt sind. Würde davon jede/r einen Seniorenheimplatz mit professionellen Altenpflegern in Anspruch nehmen, entstünden hier Kosten in Höhe von 240 Mrd. Mark, bald so viel wie der gesamte Bundeshaushalt[58].

Solche Vergleichsrechnungen sind mehr als müßige Milchmädchenrechnungen. Das mag man daraus ersehen, daß in den letzten zwanzig Jahren das Angebot an Plätzen in Alters- und Pflegeheimen um mehr als 400% ausgeweitet wurde. Solche Rechnungen loten also jene sehr relevanten Dimensionen aus, in denen die primären und privaten sozialen Netze zu reißen drohen, und die Herausfallenden aufzufangen sind in dem von den öffentlichen Händen gehaltenen subsidiär-solidarischen Sicherheits- und Dienstleistungsnetz.

Zwar werden heute immer noch 86% der insgesamt 1,6 Millionen Pflegefälle in familiärer und verwandtschaftlicher Eigenarbeit betreut. Je nach Schwere werden in 9–16% dieser Fälle bezahlte ambulante Helfer hinzugezogen. In 17% der Fälle, das sind 224500, helfen auch Freunde, Bekannte und Nachbarn[59]. Für nur jedes Prozent dieser Freundeshilfe weniger, müßten die Haushalte beim Einsatz schon der einfachsten Hilfspflegedienste (20 Mark täglich) jährlich 92,4 Millionen Mark Mehrkosten aufbringen. Jedes Prozent der Hauspflegefälle, die zu Heimpflegefällen werden, kostet die öffentlichen Kassen jährlich 380 Millionen Mark zusätzlich[60]. Ähnliches gilt bei der Kinderbetreuung. Würde der Staat allen 3,6 Mio. Kindern in der Bundesrepublik im Alter bis zu sechs Jahren einen Kindertagesstättenplatz anbieten, würde das Kosten in Höhe von 44 Mrd. Mark verursachen[61].

Was soll man zu alldem sagen? Zumindest dies: gegenüber den drohenden Sonstkosten infolge der Auflösung primärer sozialer Netze wären auch 100 bis 200 Millionen Mark mehr für Selbsthilfe und Hilfe zur Selbsthilfe immer noch ein Pappenstiel.

An vielen Orten beginnt man allmählich, dies zu erkennen. Die Konsequenz daraus besteht u.a. darin, wie dies in Berlin geschieht, Altenkreise noch besser zu fördern, ebenso die freiwillige Hilfe bei der Heimpflege anzuregen (mit verbesserten Entschädigungen für die Helfer), und dies möglichst um Nachbarschaftsheime und Sozialstationen herum anzusiedeln. Badelt berichtet von einem solchen, seit vielen Jahren praktizierten Modell im Burgenland. Jemand aus der Wohngemeinde verpflichtete sich, jemand Kranken zu Hause zu betreuen und zu pflegen. Die Landesregierung anerkennt dies mit monatlich 300–1400

Schillingen. Damit ist eine Zwischenform geschaffen, die zwischen Freiwilligenarbeit und geringfügiger Beschäftigung liegt. 400 Personen, zwei Drittel von denen sonst in Alten- und Pflegeheime gebracht werden müßten, können auf diese Weise in ihrem vertrauten Heim bleiben. Das Land wendet dafür 2 Mio. statt sonst fälliger 15 Mio. Schillinge auf, und spart damit 13 Mio. Der Selbsthilfe-Sonstkosten-Quotient liegt hier bei 1:6–7. Gleichzeitig sanken die Defizitausgleichszahlungen der Gemeinden an ihre Krankenhäuser um rund 25 % [62].

Ein geradezu rührendes Beispiel, das an die täglich gute Pfadfindertat erinnert, sei hier noch angeführt. Eine Gruppe von 15–20jährigen Türken bietet alten Berlinern und Berlinerinnen an, für sie unentgeltliche Hilfen zu erbringen: Einkaufen, Kohlen aus dem Keller holen und Heizen, Aufräumen und Geschirr spülen usw. Das dient der Aufmunterung der Alten ebenso wie der Abmilderung der Ausländerfeindlichkeit, und als Nebeneffekt verbessern die jungen Türken noch ihr Deutsch. Hundert Alte jährlich werden so betreut. Die Gruppe erhielt bisher aus dem Selbsthilfetopf 9500 Mark. Müßten Sozialstationen ihre Arbeit übernehmen, wären dafür 350000 Mark aufzubringen. Selbsthilfe- zu Sonstkosten 1:37.

Aus den angeführten Kosten-Nutzwert-Erwägungen folgt offenbar tatsächlich jene Faustregel, die man schon aus dem Umweltschutz kennt: Die Selbsthilfekosten betragen nur einen Bruchteil der Sonstkosten; zugleich gehen die geringeren Kosten mit einem gleichen oder höheren Nutzwert, also einer verbesserten Qualität der Dienstleistungen, einher. Im Schaubild dargestellt, zeigt sich die wirtschaftsoptimistische Aufstiegsgerade, wie sie erfreuliche Bilanzierungsdarstellungen zu schmücken pflegt:

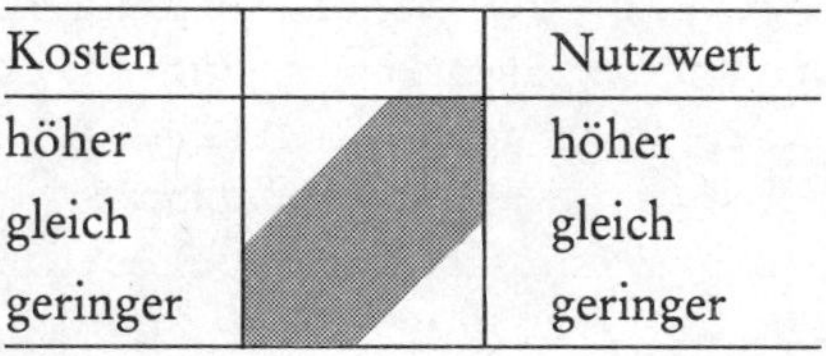

Grundlage dieser positiven Bilanz sind die depeorativen und meliorativen Leistungen, die von den neuen Helfern in den und durch die Selbsthilfegruppen erbracht werden (siehe Kapitel über fachliche Leistungen und persönliche Wirkungen). Die Strukturanalogie zwischen Umwelt- und Sozialpolitik, sagen wir auch zwischen Natur- und Sozialökologie, geht hier weiter. Was in der Naturökologie die sogenannten *defensiven* oder reparativen Aufwendungen und die End-of-Pipe- und Downstream-Technologien sind, das sind in der Sozialökologie die *depeorativen* Leistungen. Den *präventiven* Umweltschutzinvestitionen dagegen entsprechen in der Sozialökologie die *meliorativen* Leistungen.

Hier wie dort kommt es nun darauf an, wachsende Umsätze und schön aussehende Wirtschaftsbilanzen nicht naiv mit wachsendem Wohlstand und besserer Lebensqualität schlechthin zu verwechseln. Je mehr Kranke wir haben, und je länger sie behandelt werden müssen, umso glänzender ist die Bilanz der Gesundheitsindustrie, aber umso miserabler die Lebensqualität, die sich darin ausdrückt. Auch hohe defensive Umweltaufwendungen (Filter im Schornstein, Schallschutzscheiben) sind zuerst einmal Ausdruck großer Umweltschäden und einer schlechten Umweltqualität – die allerdings ohne diese Aufwendungen noch schlechter wäre. Erst mit Investitionen in präventive (»integrierte«) Technologien, die Material- und Energieverschleiß sowie Luft-, Wasser- und Bodenbelastungen von vornherein minimieren, kann man von einer echten Verbesserung der Umweltqualität sprechen.

Genau so in der Sozialökologie bzw. der Sozialpolitik. Solange die depeorativen Aufwendungen die meliorativen bei weitem überwiegen, wird man nicht von einer echten Verbesserung der Lebensbedingungen und der Lebensqualität sprechen können. Das wird erst der Fall sein, wenn die meliorativen Freiheiten die depeorativen Notwendigkeiten hinter sich zu lassen beginnen. Unsere heutige Gesellschaft ist weit davon entfernt, diese Qualitätsbedingung zu erfüllen. Aber es sollte unser Ziel sein, dahin zu gelangen. Man mag Selbsthilfegruppen und neue Helfer mit kritischen Augen betrachten, aber man muß jederzeit anerkennen, daß sie genau dazu wesentliche Beiträge leisten.

Die meisten Gruppen wollen die für sie doch so positive Bilanz nicht eröffnen. Das hat, außer den schon genannten Gründen, auch noch damit zu tun, daß sie fürchten, solche Kosten-Nutzwert-Erwägungen könnten dazu dienen, ihre zumeist prekäre Situation zu verfestigen. Sie vermuten, der positive Recheneffekt beruhe darauf, daß die ehedem frei gewählte Selbstverwirklichung ihnen unterdessen zur unfreiwilligen Selbstausbeutung geworden ist – und bekämen sie all die Stellen, die sie bräuchten, und würden sie dabei nach gewerkschaftlich-berufsständischen Vorstellungen bezahlt, könnte sich herausstellen, sie seien am Ende genau so teuer wie die andern.

Nehmen wir also an, das gesamte Personal in den Berliner Projekten würde nach vollem BAT bezahlt. Es müßten dann die ca. 40 % Akademiker nach den Stufen des BAT II, 40 % Fach- und Fachhochschüler in besonderer Funktion nach BAT III/IV und 20 % einfachere Sozialberufe nach BAT V/VI bezahlt werden. Zusätzlich zu dieser sozusagen vollprofessionellen Aufwertung sei des weiteren angenommen, daß die Zahl der Voll- und Teilzeitstellen, dem angemeldeten Bedarf entgegenkommend, im Verlauf der nächsten Jahre verdoppelt würde. Das wären dann rechnerisch 1250 volle Stellen. Sie würden einen Betrag von 71,1 Millionen Mark binden[63]. Würde man keine zusätzlichen Stellen bewilligen, aber die jetzigen Kräfte nach obigem Muster bezahlen, müßten 36,1 Millionen aufgewendet werden.

Die jetzigen Voll- und Teilzeitkräfte binden schätzungsweise 12–15 Millionen[64].

Somit ergibt die jetzige Bezahlung gegenüber der vollprofessionellen Bezahlung ein Verhältnis von rund 1 : 3, und gegenüber der um Stellen erweiterten vollprofessionellen Bezahlung ein Verhältnis von 1 : 5 bis 1 : 6.

Im Vergleich dazu bewegen sich die von den Gruppen erzielten Kosten-Nutzwert-Verhältnisse fast durchweg bei 1 : 4 über 1 : 6 bis zu 1 : 10, und gelegentlich auch mehr. Allfällige Einsparungen betragen meist um 25–30 % von Beträgen in Millionenhöhe. Nicht zuletzt ist der Geldwert der Arbeit, den die Gruppen und neuen Helfer leisten, dreimal so hoch wie die Förderung, die sie bisher erhalten. Es läßt sich somit sagen: In einigen Fällen scheinen die scheuen Vermutungen der neuen Helfer ganz so weit hergeholt nicht zu sein. Insgesamt aber und für die meisten besteht ganz offensichtlich ein vergleichsweise großer Spielraum zu ihren Gunsten.

Zur sozioökonomischen Gesamtwirkung der Selbsthilfegruppen und neuen sozialen Dienste

Einsparungen und Entlastungen durch Depeoration, Mehrausgaben durch Melioration

Die Ausführungen im vorangegangenen Kapitel bieten eine Grundlage, um die Gretchenfrage der Öffentlichkeit an die Selbsthilfegruppen zu beantworten: Sind sie billiger oder teurer? Helfen sie Kosten sparen, oder verursachen sie zusätzliche Kosten? Erste Antwort: die Frage ist naiv und falsch gestellt.

Zunächst sei hier daran erinnert, daß neue und alte Helfer nur in wenigen Fällen einander direkt Aufträge und Klientel abspenstig machen – etwa im Fall der alternativen »Ambulanten Dienste« gegenüber den etablierten Verbandsdiensten, im Fall eines alternativen Arbeitstrainings für Psychiatrieentlassene und geistig Behinderte gegenüber herkömmlichen beschützten Werkstätten, im Fall der selbstorganisierten Altenfreizeit gegenüber der verbandsorganisierten, oder auch im Fall der selbstorganisierten Drogenberatung gegenüber den öffentlichen Drogenberatungsstellen, oder der alternativen ABM-Stellen-Beratung gegenüber der Beratung und Vermittlung durch das Arbeitsamt. In diesen eher seltenen Fällen gilt praktisch ausnahmslos, daß die »Neuen« billiger als die »Alten« sind. Daß dieser Preisvorteil im Zuge der Professionalisierung der »Neuen« allerdings schrumpfen wird, wurde ebenfalls schon festgestellt.

Zugleich bleibt diese Konkurrenzsituation eher ideell und theoretisch. Denn worum immer es sich handelt – die Betreuung von Kindern und Alten, die Selbstvergewisserung Alleinlebender, die Pflege Kranker, die Behandlung von Alkohol- und Drogenabhängigen, die Eingliederung von Arbeitslosen, die Versorgung von Behinderten, die Integration von Ausländern – immer hat man es mit Problematiken zu tun, die eher zu- als abnehmen.

Wirtschaftlich gesehen nennt man das einen expandierenden Markt. Auf einem solchen können Große wie Kleine, Alteingesessene wie Neuankömmlinge ihr Einkommen finden. Reibereien um »Marktanteile« sind naturgemäßer Bestandteil dieser Einkommenssuche.

Darüberhinaus noch bedeutsamer ist die Tatsache, daß die Selbsthilfegruppen in den meisten Fällen etwas tun, was bisher überhaupt nicht getan wurde. Die neuen Helfer bieten nicht »mehr vom Gleichen«, sondern eben etwas Neues: Sie erweitern das Angebot nicht additiv, sondern innovativ. Sie vergrößern das Spektrum der wählbaren Dienste, sie vermehren die Palette der sozial- und kulturberuflichen Interventionen, sie sind die Avantgarde eines weiteren Systemwachstums im tertiären Sektor.

Die Selbsthilfegruppen und neuen Helfer vergrößern daher von vornherein den Geschäftsumsatz der Branche. So gesehen können sie den Kostenträgern nicht »billiger«, sondern nur »teurer« kommen. Im Vergleich zu vorher kosten sie ihnen zusätzliches Geld. Aber! Sie tun dies ja nicht aus reinem Spaß an einer ungetrübten meliorativen Freude. Der Bedarf, den sie anmelden, pflegt der eigenen Firma zuliebe zwar übertrieben zu werden, aber allemal besteht ein solcher Bedarf. Hier kommt die depeorative Wirkung der Selbsthilfegruppen und neuen Helfer zum Tragen: Gäbe es sie nicht, wären die sozialen Schäden vielfach schlimmer und die Sonstkosten um ein vielfaches höher, als sie es dank ihrer Interventionen sind. Was zu zeigen war. Die wichtigste wirtschaftliche Wirkung der Gruppen liegt damit nicht so sehr in der *Einsparung* von aktuellen Kosten, als mehr in der *Entlastung* von virtuell drohenden Kosten [1]. Neuerliche Kostenexplosionen wären vermutlich durchaus einsturzmächtige Sprengladungen am Gebäude des Sozialstaats, gäbe es nicht im subsidiär-solidarischen Gefüge der sozialen Netze diese intermediäre Zwischenschicht der Selbsthilfegruppen und neuen Helfer. Rekapituliert man die Äußerungen der Fachpolitiker zur Selbsthilfeförderung oder »neuen Subsidiaritätspolitik«, so ist tatsächlich schon immer deutlich gewesen, daß diese nicht so sehr mit Blick auf aktuelle Kosteneinsparungen, sondern im Vorausblick auf weitere virtuelle Kostenexplosionen konzipiert worden ist [2].

Die »Große Transformation« der Arbeits- und Lebenswelt im

Zuge der modernen Gesellschaftsentwicklung ist noch lange nicht abgeschlossen. Der Wandel geht weiter – und was die damit verbundenen Sozialproblematiken betrifft, läßt sich sagen, »the blues goes on«. Bisher verdienstvolle, oder sagen wir zumindest einigermaßen wirksame Einrichtungen wie die Kirchen, Schulen, Schulmedizin, Krankenhäuser, Gefängnisse, Heime usw. können ihre Aufgaben nicht mehr in gleicher Weise wie früher erfüllen. Es entstehen zudem neue Aufgaben, die sie ihrer Natur nach überhaupt nicht erfüllen können. Versuchen sie es dennoch, kommen *Fehlinterventionen* zustande. Diese bewirken kaum etwas, oder nichts, oder etwas falsches; jedenfalls kosten sie überflüssig viel Geld. Die medizinische Iatrogenese bildet das diesbezüglich schon meistdiskutierte Phänomen. Eben deshalb braucht es *neue und zusätzliche* Dienste, die dem Bedarf besser angepaßt sind, »appropriate services«, wie E. F. Schumacher gesagt haben würde.

Jemand zieht sich zum Beispiel beim Fußballspiel einen Bänderriß zu und geht damit zum Orthopäden. Dieser beginnt nun eine langwierige psychologisierende Aussprache, um zu hinterfragen, warum man sich wohl gerade in diesem Sportkampf gerade diese Verletzung gesucht habe. Es sei ja auch bekannt, daß hinter Verkehrsunfällen unbewußte Selbstmordabsichten stecken. Oder war hier eine schuldbeladene Vaterproblematik am Werk, und man hat sich selbst bestraft bzw. bestrafen lassen? Aber vielleicht handelt es sich auch um einen hilflosen Versuch, dem Sportsfreund zu sagen, daß man ihn ja eigentlich gerne hat usw. Das wäre ein durchaus zeitgeisttypischer Fall von teurer Fehlintervention. Dieser Orthopäde sollte besser, wie Peter Gross einmal sagte, Knochenschlosser bleiben und die pastoralen Funktionen andern überlassen, eben Seelsorgern, oder auch den neuen Selbsthilfegruppen und ihren Betreuern.

Das Beispiel weist auf etwas weiteres. In der Praxis könnte es sein, daß nicht der Orthopäde seinem Patienten solche Ideen in den Kopf setzt, sondern daß der Patient derjenige ist, der seinem Orthopäden solche Selbsterforschungen abnötigt bzw. von ihm erwartet, als Reflektionsfläche für solche Selbsterforschungen zu dienen. Selbsthilfegruppen, auch daran muß hier erinnert werden, rekrutieren sich überwiegend aus dem mittelständischen tertiären Milieu. Es ist der emanzipatorisch-aufklärerische Typus des Pädithen, der sich in diesen Gruppen am wohlsten fühlt. Die gewandelten Wertprioritäten der Pädithen führen zu einem höheren Anspruchsniveau. Man will hier, jenseits dieser oder jener Problembewältigung, *mehr* vom Leben haben, man will dieses *besser* haben, und man will sich und die Welt *anders* als bisher haben.

Damit kommt die *meliorative Wirkung* der Selbsthilfegruppen zum Tragen. Wie ausgeführt, schöpfen die Mitglieder der Selbsthilfegruppen ihre Rechte voller aus, und sie nehmen Experten, professionelle Hilfe und Hilfsmittel gezielter und bewußter in Anspruch. Beispielsweise nehmen sie nicht ständig irgendwelche Medikamente; aber zum bestimmten Zeitpunkt dieses und kein anderes – und das ist dann erfahrungsgemäß nicht nur ein gutes, sondern auch teures. So ist das nun einmal mit der Lebensqualität, die wie jede Qualität ihren Preis hat. Unterm Strich wird, auch mit weniger Medikamenten, mehr Geld für Medikamente umgesetzt. Qualitatives Wachstum kann man auch so definieren, daß mit weniger genausoviel noch besser gemacht wird. Das ist Melioration, und durch die meliorativen Wirkungen der Selbsthilfegruppen wächst die tertiäre Dienstwirtschaft mindestens so sehr wie durch ihre depeorativen Wirkungen[3].

Wer soll das bezahlen?

Ist das Kind einmal in den Brunnen gefallen, sagt einem der praktische Verstand, daß dies nicht der Moment für langwierige Auseinandersetzungen ist, sondern daß es jetzt darauf ankommt, es möglichst schnell wieder herauszuholen. Deshalb sind depeorative Leistungen leichter zu legitimieren. Der Bedarf erscheint, aus betrüblichem Anlaß, evident. Nicht so bei den meliorativen Leistungen, obwohl sie erhellende Aussichten eröffnen. Denn die freie Wahl ist immer auch eine Standpunktfrage.

Wo konservative Anteile überwiegen, wird man sich ablehnend verhalten und sagen, die kleinen Leute sollten bei ihren Leisten bleiben, nicht großtun wollen und es nicht besser haben wollen als ihnen von Zustands wegen zukomme. Wo liberale und sozialistische Elemente überwiegen, wird man nichts dabei finden, daß die Leute es besser haben wollen; aber die Liberalen werden darauf bestehen, daß die Leute ihre Rechnungen selber zahlen, während die Sozialisten nicht nur der »neuen Armen« wegen den Staat anrufen werden. Die Frage, wer die neue Lebensqualität bezahlen soll, kann ihrer Eigenart nach zunächst einmal nur strittig sein.

Das mag überraschen, nachdem doch festgestellt wurde, daß die Kosten-Nutzwert-Vorteile deutlich auf Seiten der neuen Helfer liegen. Ginge es in Wirtschaft und Politik tatsächlich trocken und technokratisch nach Kosten und Nutzen, dürfte über die weitere und auch erweiterte Förderung der Selbsthilfegruppen und neuen Dienste eigentlich nicht mehr viel debattiert werden. Aber im Zweifelsfall ist die ideologische »Software« härter als die »Hardware« der empirischen Tatsachen. Deshalb kommt es zu politisch-ideologischen Verwerfungen.

Zu diesen Verwerfungen kommen obendrein eine Reihe von praktischen Fragen. Die vielleicht wichtigste betrifft eine weitere Strukturanalogie zwischen Sozialpolitik und Umweltpolitik: Schädiger und Geschädigte, sowie Kostenträger und Nutznießer sind nur sehr selten ein und dieselben. Die Kostenaufteilung nach Verursacherprinzip und Gemeinlastprinzip läßt sich häufig nur analytisch vornehmen. In der Praxis muß man Kompromisse aushandeln; oder sich der Einfachheit halber auf bewußte Ungerechtigkeiten einigen, indem die Allgemeinheit für einzelne Verursacher zahlt, und manchmal auch einzelne Verursacher in etwas investieren, das allen zugute kommt.

Auf die Selbsthilfegruppen und neuen Helfer bezogen war nun festzustellen, daß in den meisten der dargestellten Fälle bestimmte Fachabteilungen beim Staat (bzw. den Gemeinden) die Kosten tragen, während vor allem die Krankenkassen und Rentenanstalten, aber etwa auch die Justizvollzugsanstalten davon profitieren. Bei den Arbeitsämtern, die gleichzeitig Arbeitslosenhilfe sparen und ABM-Stellen bezahlen, besteht keine so große Kluft. Auch wenn die Zurückhaltung mancher Abgeordneter, Selbsthilfegruppen zu fördern, angesichts der Tatsachen unverständlich bleibt; die Zurückhaltung, aus der eigenen Kasse etwas zu bezahlen, was anderen Kassen zugute kommt, ist schon verständlich.

Die einfachste Lösung bestünde zunächst sicherlich darin, daß die betreffenden Abgeordneten sich einen Ruck geben und die Sonntagsrede, wonach die verschiedenen Institutionen unseres Sozialstaats *eine* große Solidargemeinschaft bilden, beim Wort nehmen. Der Staat, soweit er beansprucht dem Allgemeinwohl zu dienen, investiert eine vergleichsweise geringe Summe, um damit einer Reihe anderer Kostenträger vielfach höhere Sonstkosten zu ersparen. So jedenfalls spricht die Stimme der Vernunft, auch wenn mancher sie aus politischen Verwerfungsgefühlen heraus nicht hören möchte. Legitim und beim Wähler mehrheitsfähig dürfte dies sein. Denn die Menschen »draußen im Lande«, als Arbeitnehmer zumal, pflegen keine differenzierenden Betrachtungen darüber anzustellen, ob ihre Abzüge dem staatlichen Fiskus oder den Parafisci der Renten- und Krankenversicherungen zufließen. »Weg ist weg«, und Hauptsache, die Geld- und Dienstleistungen werden bezahlt. Ob der Fiskus oder die Parafisci das tun, interessiert nur den Fiskus und die Parafisci. Das entspricht sicherlich nicht der finanzwissenschaftlichen Schulexpertise, aber eben der Allerweltsphilosophie der Wählerinnen und Wähler.

Ein zweiter Weg bestünde darin, bewährte Verfahren des *Lastenausgleichs* auf dieses Gebiet zu übertragen. Das heißt, verschiedene staatliche und kommunale Fachhaushalte, Arbeitsämter, Kranken- und Rentenversicherungen u. a. bilden einen gemeinsamen Fonds, aus dem Selbsthilfegruppen und neue Helfer finanziert werden. Die Verfahren, die dafür beim Netzwerk Selbsthilfe und dem »Berliner Modell« des Senators für Gesundheit und Soziales entwickelt wurden, dürften sich dabei, in etwas abgewandelter Form, als nützlich erweisen[4]. Die wichtigste Abwandlung müßte dabei in die Richtung gehen, nicht nur sozusagen Planstellen zu bezahlen, sondern – wo immer möglich und sinnvoll – gemäß den erbrachten Leistungen im einzelnen zu vergüten. Anders, pragmatisch gesehen, wird die Beteiligung von

Kostenträgern jenseits der staatlichen Fachabteilungen kaum zu erreichen sein. Und anders, ordnungspolitisch gesehen, wird man der erwünschten Ergänzung und wechselseitigen Begrenzung von Markt, Staat und Eigenarbeit kaum näherkommen. Sinngemäß gleiche Vorschläge wurden während der letzten Jahre ja auch anderweitig vorgebracht, etwa mit dem »Regionalen Verbund zur psychosozialen Versorgung«[5]. Der Anlaß könnte sich übrigens als ein geeigneter Neueinstieg in eine kleinere oder größere Finanzierungsreform der sozialen Dienste erweisen. Denn daß die Zersplitterung der Kostenträger selbst Unkosten und Fehlleistungen hervorruft, ist eine Binsenweisheit der Branche.

Aus den erwähnten Elementen ergibt sich für die nähere und mittlere Zukunft ein zweistufiges Finanzierungsmuster. Es entspricht im Ablauf ziemlich genau dem, was mit dem »Berliner Modell« bereits praktiziert wird und auch andernorts zunehmend praktiziert zu werden beginnt: Auf Stufe Eins wird die Förderung von sozialen Selbsthilfeprojekten als staatliche Aufgabe, bzw. jenseits der Stadtstaaten als kommunale Aufgabe wahrgenommen. Sie sorgen für eine ca. dreijährige Anlauffinanzierung oder für sonstige Zwischen- und Übergangsfinanzierungen. Auf Stufe Zwei wird dann, je nach erreichtem Professionalisierungsgrad der Projekte, neu entschieden. Sie werden dann gegebenenfalls als »kleine freie Träger« anerkannt. Als solche werden sie – je nachdem – von staatlichen Fachabteilungen weitergefördert oder von Krankenkassen, Rentenanstalten, Sozialämtern u. a. entsprechend ihrer erbrachten Dienstleistungen vergütet. Das wird den Aktiven nicht so schmecken, aber werden nicht möglichst viele Marktelemente in die Planstellenwirtschaft eingefügt, ist die institutionelle Sklerose und die Entfremdung der neuen Helfer von ihrer neuen Klientel für eine nicht sehr ferne Zukunft schon vorprogrammiert.

Der vorgeschlagene lokale oder regionale Verbundfonds kann auf beiden Stufen realisiert werden.

Aufgabenerweiterung und Kostensubstitution

Da der mitteleuropäische Sozialstaat heute einmal so ist, wie er bisher geworden ist, muß man davon ausgehen, daß der größte Teil der Selbsthilfegruppen und der mit ihnen sich entfaltenden neuen sozialen Dienste auf den Staat zukommen. Für die staatlichen und parastaatlichen Einrichtungen bedeutet dies, auch im Zuge der sonstigen Weiterentwicklung der sozialen Dienste, eine *Aufgabenerweiterung*. Sie mögen versuchen, die neuen Aufgaben eine Weile hin und her zu schieben (was auf Kosten der Betroffenen ginge), aber irgendwo werden die Aufgaben schließlich wirksam werden.

Nun ist der Unmut über den allgegenwärtigen Leviathan und den hohen Staatsanteil heute schon beträchtlich. Aufgabenerweiterung wird zu weiterem Unmut der Steuer- und Beitragszahler führen. Die Dienste der Selbsthilfegruppen und neuen Helfer dürften deshalb auf Dauer nur dann eine politisch akzeptierte und finanziell tragfähige Basis finden, wenn es gelingt, ihre aktuellen Kosten-Nutzwert-Vorteile auch zu realisieren. Das Argument, das Geld für Bomben und geostrategische Raketen werde besser für Bildung und psychosoziale Helfer ausgegeben, wird fast immer Beifall finden und fast nie etwas bewirken. Weiter dürfte man kommen, wenn man *Gesamtkostenneutralität durch Kostensubstitution* geltend machen kann[6]. Wie Ellis Huber bei anderer Gelegenheit einmal vorrechnete, könnte man »allein mit der Vergeudungsrate im Arzneimittelsektor bundesweit gut und gerne 100000 BAT-IIa-Stellen finanzieren«[7]. Oder: »Die Vergeudungsrate auf dem Arzneimittelsektor in Berlin-Kreuzberg mit etwa 150000 Einwohnern liegt z. B. bei ca. 15–25 Millionen Mark pro Jahr. Damit könnte das Personal des öffentlichen Gesundheitsdienstes verdoppelt bis verdreifacht werden. Und 200 bis 400 Ärzte, Sozialarbeiter oder Gemeindehelfer mehr in Berlin-Kreuzberg wären eine schöne Perspektive«[8]. In ähnlicher Weise exemplarisch ist das Vorhaben, überzählige Krankenhaus- und überzählige Intensivstationbetten durch Sozialstationen und Selbsthilfeprojekte zu substituieren. (Man kann an der politischen Praxis dieser Substitution kritisieren, daß sie nur halbherzig in die Tat umgesetzt wird.

Aber das steht auf einem anderen Blatt und ändert nichts an der Richtigkeit des Vorhabens[9].)

Auf längere Sicht wird man kaum daran vorbeikommen, den Bezugsrahmen der möglichen Substitutionen grundlegend zu erweitern. Dabei müßte insbesondere die Verschiebung der sozialpolitischen Frontlinie von den Einkommens- zu den Dienstleistungen systematischer berücksichtigt werden. Den mit Abstand größten Posten im Sozialbudget bilden heute die Renten – und wenn sich nichts ändert morgen mit noch größerem Abstand. Wenn es auch stimmt, daß zum Beispiel viele alte Frauen von den heutigen Rentenregelungen eher schlecht behandelt werden, so stimmt es auf der anderen Seite zugleich, daß eine zunehmende Zahl von Rentnern, durch Kumulation von öffentlichen und betrieblichen Renten, »Staatsschätzchen«, Lebensversicherungen u. a. sozusagen überversorgt ist. Alt sein heißt längst nicht mehr arm sein. Jedenfalls mehrheitlich nicht[10]. Mit der Heranziehung der Renten zu den Krankenkassenbeiträgen hat man hier eine erste Konsequenz gezogen. Die angemessene Besteuerung der Renten wird vermutlich irgendwann folgen müssen. Oder man begibt sich sogar auf den weitergehenden Weg, die soziale Einkommenspolitik überhaupt zu reorganisieren. Dem erreichten Niveau der Wohlstandsgesellschaft entsprechend wird die Verbindung der drei Elemente

* Grundversorgung,
* Leistungsbezüge,
* private Vorsorge

rationeller neuzugestalten sein[11].

Es ist hier nicht der Platz, diese Dinge weiter zu erörtern. Worauf es ankommt, ist, zu sehen, daß langfristig betrachtet ein Ausbau der öffentlichen Dienstleistungen wohl nur durch einen Abbau öffentlicher Geldleistungen finanzierbar sein wird. Welche das sein könnten, darüber wäre im einzelnen noch zu reden. Um aber gewissen willentlichen Mißverständnissen vorzubeugen, sei gesagt, daß nicht die Sozial- und Arbeitslosenhilfe gemeint ist, sondern eher die Eigentums- und Vermögenssubventionen für die wohlhabenden Arbeitgeber- *und* Arbeitnehmermehrheiten. Es wäre jedenfalls eine Illusion zu meinen, man könne die bisherigen Geldleistungen in ihrer bisherigen Form weiter fortschreiben und womöglich ausdehnen und zugleich und obendrein die öffentlichen Dienste ausbauen. Die Fürsten und Pfaffen waren mit dem Zehnten zufrieden. Der neue Leviathan ist im Vergleich dazu schon heute ein Moloch. Niemand, außer vielleicht ein paar sektiererischen Volkskommunarden, wird ihm erlauben wollen, auf hundert Prozent weiterzuwachsen. In Amerika beginnt die Steuerrevolte schon bei einer Staatsquote ab 30%, in Mitteleuropa erst bei 50%, in Skandinavien erst bei 60–65%. Über diese Grenzen, die in der Geschichte und Eigenart der jeweiligen Nationen wurzeln, kann man nicht beliebig hinausregieren. Die Höhe der Staatsquote hierzulande ist offenbar ausgereizt. Wenn man unter diesen Bedingungen neue soziale Dienste braucht, wird man sie nur bezahlen können, indem man Geldleistungen substituiert, die man angesichts des erreichten Wohlstandsniveaus nicht mehr so sehr braucht.

Die Wege der Dienstwirtschaft: auch künftig keine Wege ins Paradies

Die heutige »neue Armut«, wie sie im Zuge der Großen Stagnation der Weltwirtschaft seit den 70er Jahren aufgetreten ist, betrifft eine Minderheit von allenfalls 10–15% der Bevölkerung. Den anderen 85–90% geht es weiterhin gut, trotz Krise, ja gerade wegen der Krise. Denn diese 85–90% haben ihren Besitzstand – den Arbeitnehmerfunktionäre gern auch sozialen Besitzstand nennen – tatsächlich nur auf Kosten jener 10–15% neuerlich Verarmter wahren können. Der Besitzstand und die Lebenschancen dieser Minderheit werden geopfert, damit es der Mehrheit weiterhin gut gehe.

Sozialpolitisch ist dies ein Skandal; und auch wenn man meint, dieser Skandal sei angesichts der Machtverhältnisse zwischen organisierten und unorganisierten Interessen kaum vermeidbar gewesen, so wird man sich doch nicht der Aufgabe verschließen können, diese Ungerechtigkeit im Zuge der Überwindung der Großen Wirtschaftsstagnation wieder zurückzunehmen.

Die depeorativen und meliorativen Leistungen der neuen Dienste können hierbei eine Rolle spielen. Eine Gesellschaft im Wohlstand, zumal wenn sie eine »Kulturnation« sein möchte, kann sich die Melioration ihrer Lebensbedingungen – hier speziell: eine höhere Lebensqualität durch einen Ausbau der Dienste im tertiären Sektor – durchaus leisten. Sie sollte sich dies auch leisten, aber eben nicht nur für die wohlhabenden, gesunden, starken und gut organisierten Mehrheiten, sondern auch für die weniger wohlhabenden, kranken, schwächeren und nicht so gut organisierten Minderheiten.

Nur wird man, im allmählichen Übergang ins 21. Jahrhundert, die Melioration der Lebensbedingungen nie wieder als profanreligiöse Herniederkunft einer allgemeinen Glückseligkeit auf Erden mißdeuten können. So naiv zu sein, kann sich nach 200 Jahren Aufklärung und Industrialisierung niemand mehr erlauben. Die Pädithen haben gute Karten. Aber mit jedem Trumpf, den sie ziehen, wird sich immer aufs neue die Zweischneidigkeit der Wirkungen erweisen, die mit einer weiteren Expansion der Dienstwirtschaft einhergehen. Selbsthilfegruppen und neue soziale Dienste sind nicht nur ein kompensatorisch notwendiges Ergebnis der Auflösung traditionaler Gemeinschaft. Einmal ins Leben getreten, werden sie auch zu einer der Bedingungen dieser Auflösung. Aus ihr erwachsen Karrieren und Konsum, Institutionen und Geldströme, Sozialorganisation und Sozialtechnologie. Selbsthilfegruppen und neue Dienste sind so der ambivalente Ausdruck für Wohlstand und Lebensqualität in einer Gesellschaft, die manche ihrer Mitglieder so schwächt, daß sie diese Stärkung brauchen; die aber auch so produktiv und kreativ ist, daß sie sich damit diese Stärkung leisten kann und ihre anderen stärkeren Mitglieder weiter stärkt.

Selbsthilfegruppen und neue Helfer sind ein Ausdruck der weiteren Entfaltung der wissenschaftlich-technischen Zivilisation. Im Zuge einer *»ökologischen Transformation«* (J. Bennett) verleibt sich diese immer mehr der ursprünglichen Naturumwelt in ihren Rahmen ein. Daraus erwächst, darin besteht Kultur; wenn es gut geht. Wenn es schief geht, Unkultur. In gleicher Weise werden im Zuge einer *sozialökologischen Transformation* naturwüchsige Geselligkeits- und Gemeinschaftsformen durch wissenschaftlich-technische Kulturartefakte ersetzt. Die Selbsthilfegruppen mit ihrem parawissenschaftlichen Pädithen-Verhalten und ihrer paraökonomischen Zeit- und Zuwendungsrationalität und die neuen Helfer mit ihren rechtlich und monetär geregelten Dienstleistungsangeboten, sind die vorläufig neueste Hervorbringung dieses sozialökologischen Transformationsprozesses. Bei Bewußtsein und einer gesunden kritischen Distanz sich selbst gegenüber kann dies unser Leben und unsere Kultur bereichern. Genausogut können daraus aber auch Beschädigungen unserer psychischen Innenwelt und sozialen Umwelt erwachsen, wie wir dies von der biophysikalischen Umwelt kennen.

Faktisch wirken die Selbsthilfegruppen und neuen Helfer als ein weiteres Stück moderner Weltentzauberung. »Verflucht« wird ihr Geschäft dabei bleiben, so wie jedes andere auch. Denn daß ihr neues Wissen ihnen Macht verleihe, ist nur die rationalistische Hälfte der Wahrheit. Die andere Hälfte ist und bleibt Ohnmacht. Mit noch so viel Aufklärung und Emanzipation wird man aus dem Unglück Betroffener keine Glückseligkeit fabrizieren; eher schon ein ständig nagendes Mangel- und Knappheitsempfinden und ein Gefühl, unglücklich zu sein, auch bei solchen, die bisher ganz gesund und zufrieden waren.

Die Wachstumsgrenzen, welche die Güterwirtschaft nicht kannte, kennt die Dienstwirtschaft noch weniger. Soziokraten und Psychokraten sind keinen Deut anders als Technokraten. Wenn man ihre Wohltaten nicht in Grenzen hält, wird ihr Krankheits-, Bedürftigkeits- und Bedürfnisbegriff vor nichts halt machen. Der Sicherheitsstaat braucht kein Polizeistaat zu sein, er könnte auch als Sozialstaat daherkommen. Es kämen dann präventiv nicht alle ins Gefängnis, aber alle ins Goethesche allgemeine und allgegenwärtige Krankenhaus, mit uns allen als unserer Nächsten humane Krankenwärter und Patienten. Man würde den Spruch, daß die Bundesrepublik die offene, Berlin die geschlossene Anstalt sei, dann mit anderen Ohren hören.

ANHANG

Zur Methodik

Die Untersuchungen, die diesem Buch zugrunde liegen, wurden von Mai bis Oktober 1986 abgewickelt. Dabei handelte es sich insbesondere um die

* Auswertung von Materialien von bzw. über rund hundert West-Berliner Selbsthilfegruppen;
* Auswertung von 34 Tiefeninterviews mit West-Berliner Selbsthilfegruppen oder – bei Gruppendissens – zumindest mehreren Mitgliedern dieser Gruppen;
* Auswertung von 81 umfangreichen Fragebögen für Gruppenmitglieder sowie professionelle oder paraprofessionelle Mitarbeiter/innen in diesen Gruppen;
* systematische Gespräche mit Experten aus Forschung und Praxis der Selbsthilfebewegung;
* vergleichende Auswertung von 15 bereits durchgeführten empirischen Untersuchungen anderer Autoren zum gleichen Themenfeld[1];
* darüberhinausgehende vergleichende Auswertung der sonstigen im Literaturverzeichnis enthaltenen Titel;
* systematische Abfrage von empirischen Vergleichsdaten bei diversen öffentlichen und privaten Institutionen.

Für die eigene empirische Erhebung wurde eine geschichtete Stichprobe erstellt. Eine Zufallsstichprobe konnte dies nicht sein, da die Grundgesamtheit nicht definitiv abgrenzbar ist. Die Stichprobe sollte in möglichst ausgewogener Weise Gruppen aus den folgenden Bereichen enthalten: Gesundheit/Sucht/Psychiatrie, Behinderte, Alte, Frauen, Familie/Kinder/Jugendliche/Arbeitslose/Nachbarschaft, Ausländer. Ob die Gruppen aus dem Selbsthilfefonds des Senats gefördert waren, wurde bei der Stichprobenauswahl *nicht* berücksichtigt, weil es nicht Ziel der Studie war, speziell diese Förderung und ihre Wirkungen zu untersuchen (obgleich natürlich immer Aspekte davon miteingeflossen sind).

Nach diesen Gesichtspunkten wurden 50 Selbsthilfeprojekte ausgewählt und in einem erläuternden Anschreiben um Mitarbeit gebeten. Die Gruppen reagierten, mit wenigen Ausnahmen, zunächst sehr bedeckt bis überhaupt nicht. Es bedurfte manchmal umständlicher Vorgespräche, um schließlich doch 34 Gruppen für eine Mitarbeit zu gewinnen. (In 26 Fällen war dies von einem Gruppenkonsens getragen, während in 8 Gruppen ein Dissens blieb, der es jedoch den kooperativ eingestellten Gruppenmitgliedern überließ, jeweils mitzumachen wenn sie wollten.)[2]

So ergab sich eine Kooperationsquote von 52 % (konsensual) bzw. 68 % (dissensual einschließlich). Diese Quote dürfte vergleichsweise hoch sein[3].

Besonders bemerkenswert ist, daß sich keines der sechs angesprochenen Frauenprojekte gewinnen ließ. Bei manchen Frauengruppen scheint dies nach wie vor mit dem Aufbau einer Art von Selbstbewußtsein zu tun zu haben, das auf Abgrenzung und (Selbst-)Isolation beruht. Diesem splendide isolierten Bewußtsein müßte die Tatsache, daß es auch ohne sie ging, an und für sich entgegenkommen.

Die Bereitschaft mitzuwirken war bei Ausländern, Alten und Behinderten deutlich am größten. Es scheint hier ein »Klingelbeuteleffekt« vorzuliegen, wonach die am ehesten zu geben bereit sind, die am wenigsten haben.

Dem entspricht, daß ablehnende Haltungen gegenüber dem Vorhaben grosso modo umso mehr zunahmen, je »arrivierter« die Projekte waren, ebenso, je mehr es sich nicht mehr um reine Basisgruppen und schon mehr um verbandsartige Organisationen mit ausgeprägten politischen Eigeninteressen handelte.

Erwartungsgemäß spielten leisere oder lautere politische Dissonanzen wegen des Auftraggebers der Studie, des Berliner Senators für Gesundheit und Soziales, bei vielen Gesprächen eine Rolle. Vier Wochen nachdem die Gruppen angeschrieben worden waren, wurde bei einer Versammlung des »AK Staatsknete« beschlossen, mit dem »politischen Feind« nicht zu kooperieren. Nach diesem basisbürokratischen Verdikt war es nicht mehr möglich, Gespräche mit weiteren Gruppen zu vereinbaren. Einige Gruppen, die Gespräche schon zugesagt oder in Aussicht gestellt hatten, sagten wieder ab.

In zwei Gruppen, mit eigenen wissenschaftlichen Ambitionen, wurde dieses Vorhaben als unerwünschte Konkurrenz empfunden. Sie hätten lieber »Eigenforschung« betreiben wollen und hatten dafür auch schon (erfolglos) Mittel beantragt.

Wieder andere Gruppen befanden sich in einer einigermaßen ausgedehnten Sommerpause. Unter anderem kam, als Antwort auf ein Schreiben von Ende Mai, Ende Juli ein sehr freundliches Kärtchen mit Blümchenmuster, worin stand, daß mein Brief die Gruppe »zu Beginn der Ferienzeit« erreicht habe, ich aber sehr gerne »im September wieder Kontakt aufnehmen« sollte. Mir ist nicht bekannt, ob die betreffende Gruppe zu denen gehört, die terminlich »dringende« Förderungsanträge stellen. Auch diverse Stellen der Senatsverwaltung brauchten gut zwei Monate, um Informationsanfragen zu beantworten.

In zwei anderen Fällen – überraschend selten – wurde schlicht und überzeugend mitgeteilt, daß einem all die wissenschaftlichen Untersuchungen allmählich »zu blöde« seien und man »keine Lust mehr« habe, sich mit derlei »die Zeit stehlen« zu lassen. Von einem wachsenden Unmut über zu viele Forschungsanfragen, ja sogar einer regelrechten »Rebellion der Betroffenen«, der »Weigerung, bei Untersuchungen mitzuwirken bzw. sich ›ausforschen‹ zu lassen«, haben schon andere Untersuchungen berichtet[4]. Möglicherweise muß man wirklich selbst Sozialwissenschaftler sein, um solchen Untersuchungen ihren Sinn und Zweck zuzubilligen, und sich von der Wirkungsforschung baldige Wirkungen zu versprechen. Gleichwohl gehört zu den Kriterien, die geförderte Selbsthilfegruppen zu erfüllen versprechen, »sich einer auch kritischen Würdigung nicht zu verschließen«[5]. Vielleicht ist das für die Basis ein zu deodoriertes Deutsch.

Bei den Gruppengesprächen wurden die Fragebögen, mit Datenschutzversicherungen und frankiertem und adressiertem Umschlag, persönlich ausgehändigt. Dies dürfte zu der vergleichsweise hohen Rücklaufquote der Fragebögen beigetragen haben. Von 232 Bögen kamen 81 zurück. Dies entspricht einer

Quote von 35 %. Normalerweise werden nur um die 15 % erzielt[6/7]. Man muß jedoch einräumen, daß viele Kooperationsunlustige in dieser Stichprobe ja von vornherein fehlten.

Die Ergebnisse aus der vorliegenden Stichprobe können als repräsentativ gelten, und zwar für Gruppen in den Bereichen Gesundheit / Sucht / Psychiatrie, Behinderte, Alte, Familie / Kinder / Jugendliche / Arbeitslose / Nachbarschaft, Ausländer. Die Anzahl von 34 Gruppengesprächen und 81 Fragebögen ist statistisch ausreichend, sofern diese Stichprobe nicht in weitere korrelative Unterauswertungen aufgeschlüsselt wird[8]. Entgegen einem verbreiteten Mißverständnis hängt die Repräsentativität nicht von der relativen, sondern der absoluten Stichprobengröße ab. Werden keine statistischen Unterauswertungen vorgenommen, ist diese Größe mit n>30 bereits erreicht.

Als Indikator für die Güte der Stichprobe kann folgender Vergleich gelten. Er gibt Aufschluß darüber, wofür die Haushaltsmittel im Durchschnitt aller Projekte verwendet werden:

	Personal-mittel	lfd. Sach-mittel	einm. Sach-mittel
eigene Stichprobe	58 %	27 %	15 %
sämtliche senatsgeförderten Projekte	54 %	19 %	27 %

Wie man sieht, ist die Übereinstimmung bezüglich der Personalmittel sehr hoch. Die (in den Proportionen relativ geringen) Abweichungen bezüglich der Sachmittel rühren daher, daß »Materialkosten« uneinheitlich zugeordnet werden, etwa einmal unter Mittel für »lfd. Gruppenaktivitäten«, dann wieder, dasselbe Material, unter »einmalige Sachkosten«.

Anmerkungen

Vom Industrierevier zur Dienstleistungsmetropole

1 Vgl. Hilfe von Mensch zu Mensch... 1953.
2 Sachße/Tennstedt 1980, 286ff.

Selbsthilfegruppen – Annäherung an ein eher unnahbares Phänomen

1 Beispiele entlehnt aus Selbsthilfe-Rundbrief Nr. 5, März 1986, S. 22/23, der Selbsthilfe-Kontakt- und Informationsstelle (SEKIS) Berlin.
2 Moeller 1978, 79. Nelles/Beywl (1984, 60) dagegen sehen in der »Betroffenheitsthese eine Art moderne Verelendungstheorie für den Reproduktionsbereich«, ein Mythos, der jedoch, wie jeder Mythos, seinen wahren Kern habe.
3 Krebs 1986, 3.
4 Synanon ist ein außergewöhnlich großes und erfolgreiches Projekt süchtiger Menschen.
5 Zu den Tätigkeiten von Selbsthilfegruppen und dem, was dort geschieht, vgl. im einzelnen auch Trojan et al. 1986, 165f.; Moeller 1981, 75ff.; Gross 1985 c, 36ff.; ders. 1983, 86–112; Kickbusch et al. 1981, 144; Halves/Binder 1981, 25; Breitkopf et al. 1980, 95.
6 Zur Systematisierung der Selbsthilfegruppen vgl. auch Hegner 1981, 219ff.; Wend 1983 u. 1985, 5; Brombach 1985, 10; Kickbusch/Trojan 1981, 133 ff. u. 258ff.; Gross 1982, 37ff.; Moeller 1978, 62f. u. 84ff.; Haas 1986, 12; J. Huber 1980, 41.
7 Die Stichprobe ergab ein arithmetisches Mittel von 12,07 Personen pro Gruppe. Das bestätigt den Erfahrungswert von 10–16 Mitgliedern (Vilmar/Runge 1986, 30), allerdings an der unteren Grenze.
8 Der Mittelwert beträgt 9,5 Untergruppen pro Selbsthilfeorganisation.
9 Eine ganz ähnliche Systematik findet sich bei Trojan et al. 1986, 39. Dort wird auch richtig dargestellt, daß sich in vielen Gruppen »Selbsthilfe« und »Hilfe für andere« vermischen.
Badelt (1985, 14) unterscheidet »Selbsthilfegruppen« und »altruistische Gruppen«. Das bleibt etwas zu abstrakt, denn dort, wo das Letztgemeinte überwiegt, handelt es sich faktisch um professionelle Intervention, in deren Einzugsbereich »Altruismus« durchaus problematisch sein kann.

Vilmar/Runge (1986, 12) unterschieden »private Selbsthilfe« von »sozialer Selbsthilfe«. Erstere gelten in diesem Konzept als unpolitisch-egozentrische Privatiers, letztere als die neurevolutionären Heldensubjekte der heraufdämmernden »Selbsthilfegesellschaft«.
Ein anderes Systematisierungsproblem liegt darin, welche Gruppen man als »primär« und »sekundär« ansehen soll. So werden häufig Familie/Freundschaft/Nachbarschaft als Ort der »primären Selbsthilfe« angesehen, Selbsthilfegruppen im hier behandelten Sinn dagegen als »sekundär« (Braun 1985b; Breitkopf et al. 1980, 94; Hegner 1985a, 160, der von »institutionalisierter« (=primärer) und »inszenierter Selbsthilfe« spricht). – Ich finde es in diesem Fall nicht ganz müßig, sich um Worte zu streiten, drückt sich doch in dieser Art der Bezeichnung ein heimlicher professioneller Kolonialismus aus, der nicht nur den sozusagen akuten Fall als Interventionsfeld ansieht, sondern in einer – vielleicht unbewußten – Perspektive grenzenloser Expansion buchstäblich alles im Leben eines jeden.

10 Vgl. i.d.S. Nelles/Beywl 1984, 81ff., wo die Handlungsbereiche »personelle/kulturelle Identität, Wohnen und Wohnumfeld, Umwelt und alternative Ökonomie« unterschieden werden. Ähnlich aber anders Trojan et al. (1986, 32).

11 Das scheint nicht nur für Berlin, sondern allgemein zutreffend zu sein. Siehe dazu Vergleiche mit Definitionskriterien und Förderkriterien anderswo: Hoplitschek 1986; Hertel/Tiedt 1984; Stokes 1981, 126; Trojan et al. 1986, 268/272; Vilmar/Runge 1986, 135ff.; SenGesSoz 1985, 8.

12 Der Durchschnittswert liegt bei 42%. 52% ergeben sich, wenn man die Alten aus der Stichprobe herausnimmt.

13 Auf eine lange Beispielliste sei hier verzichtet. Jemand wollte insb. »ein Gleichwertigkeitsgefühl zwischen Christen, Ausländern und anderen Minderheiten entwickeln«. Eine schwerkranke Frau wollte wieder »später einmal wenn es mir besser geht« politisch aktiv werden, und eine Freundin von ihr »vielleicht bei Gelegenheit einmal«. Eine häufiger geäußerte Haltung war, »ist ja wohl unrealistisch, aber schön wär's und die Hoffnung bleibt trotzdem, etwas ändern zu können«. Ein DDR-Übersiedler schließlich sah keinen Handlungsbedarf, denn: »Ich finde die Politik hier in der BRD gut und bin froh, hier zu leben«.

14 Im erläuterten Sinn unterscheiden Nelles/Beywl Gruppen, deren vorrangiges Ziel »Selbsthilfe« oder »Widerspruch« bzw. Widerstand ist (1984, 81). Ähnlich auch Breitkopf, Grunow et al. 1980, 124.

15 Im Szene-O-Ton kann das wie folgt lauten: »Menschen in Selbsthilfegruppen machen (im Idealfall) nicht nur sich selbst und ihre Probleme, sondern auch ihre gegenseitigen Beziehungen zum Thema. Eines der wesentlichen Ziele der Selbsthilfegruppe ist dabei die Gleichberechtigung der Gruppenmitglieder; ohne Hierarchie und ohne Experten, die alles besser wissen, außer in dem Sinne, daß sich jedes Mitglied als Experte für seine eigenen Bedürfnisse und Probleme verstehen kann. Damit ist die Autonomie und Selbstbestimmung eines jeden einzelnen gefordert und gefördert« (Mohr 1984, 329).

16 z. B. Winkelvoss/Itzwert/Trojan 1981, 134; Behrendt/Deneke/Itzwert/Trojan 1981, 104; Bremen 1983, 215.

17 Anders Köhler/Thorbeke (1986, 3), wo ausdrücklich von einer »self-help philosophy« gesprochen wird.

18 In dem Beschluß heißt es: »Die zu fördernden Projekte müssen geeignet sein,
- vorrangig die Selbsthilfe Betroffener zu fördern,
- konkrete Lebenshilfe bieten,
- für alle Betroffenen und Interessenten zugänglich sein,
- möglichst stadtteilbezogen arbeiten und regionale Bedürfnisse berücksichtigen, d. h. kleinräumig organisiert sein,
- den Grundsätzen demokratischer Selbstverwaltung genügen,
- bereit sein, mit anderen Erfahrungen auszutauschen und zusammenzuarbeiten,
- in einem gewissen Umfang modellhaft und auf andere Bereiche übertragbar sein,
- auf einige Dauer angelegt sein und sich durch Offenheit und Toleranz gegenüber jedermann auszeichnen. ...«.

19 Unter der Überschrift »Abschied vom Kollektivmythos« hat M. Makowski dies auch für die gewerblichen Alternativbetriebe festgestellt: »Doch es sei jede/r gewarnt, nach diesem Kriterienkatalog die Kollektivbetriebe in diesem unserem Lande zu zählen. Es bleiben verdammt wenig übrig. ... Das hat natürlich auch mit der Verflachung der Selbstverwaltungsidee zu tun. ... So mancher 68er und mancher 78er wird beim Anblick eines selbstverwalteten Betriebes der neuen Generation das kalte Grausen kriegen« (M. Makowski 1986, 9).

Verbreitung der Selbsthilfegruppen

1 Zahlen zur freiwilligen und ehrenamtlichen Tätigkeit, durchaus sauber von anderen unterschieden, bei Ch. Badelt 1980, 241 f. u. 1985, 158.

2 Badelt 1980, 241/243. Auch bei Moeller 1978, 61; Geißler 1982, 80; Gross 1983, 145.

3 10000 nach J. Huber 1980; 14000 nach Grottian/Kück 1983; 15000 nach Kohlenberger/Schwarz 1982; 18000 nach Fröhlich 1983; 31000 nach Beywl/Brombach 1983 bei einer sehr weiten Definition; 35000 nach Haas 1986; schließlich »30.–50000« 1986 nach einer brieflichen Mitteilung der Stiftung »Die Mitarbeit« in Bonn sowie »eher über 40000« nach Vilmar/Runge 1986.

4 Nach einer Zusammenstellung bei Kaiser 1985, 97, beträgt die Projektdichte 0.4 in Nordrhein-Westfalen, 0.6 in Köln/Bonn, 0.8 in Hamburg, 1.4 in Berlin, 1.8– 2.5 in Hannover, 4.5–6.3 in Nürnberg. Vermutlich stimmen nicht alle dieser Angaben. Jedenfalls sind meine Ergebnisse bezüglich Berlin mit 3,2 andere (siehe Text).

5 17500 nach Nelles/Beywl 1984, 91; »etwa 20000« nach Haas 1986, 12. Die

»etwa 5000-10000« gehen zurück auf Winkelvoss/Itzwerth/Trojan 1981, 138.

6 Vgl. dazu Fink 1985b, 126.

7 Eine »extrem dichte alternative Infrastruktur« der geopolitischen Insel West-Berlin bestätigen z. B. Berger et al. 1984, 34. Auch ein Vergleich der Größen der regionalen »Netzwerk Selbsthilfe« macht dies deutlich. Das Berliner Netzwerk steht zu allen übrigen in der Bundesrepublik zusammengenommen in einem Verhältnis von 3:4 gemessen an der Mitgliederzahl und 4:5 gemessen am Finanzvolumen (vgl. Kück 1985, 71).

8 Für eine genauere Darstellung der Entwicklung des »Berliner Modells« vgl. F. Krotz 1986, 28ff.

9 Grottian/Kück 1983, 98; M. Kück 1985, 26.

10 Nicht ohne Vergnügen sei hier etwas über die Historiographie von Zahlenmaterial und offiziellen Dokumenten berichtet. Grottian/Kück (1983, 87) schreiben: »Huber (Wer soll das alles ändern. 1980) errechnete für Berlin knapp 700 Projekte mit knapp 5000 Aktivisten; das Bundesministerium für Jugend, Familie und Gesundheit kommt zu den gleichen Ergebnissen; der Arbeitskreis Finanzierung von Alternativprojekten (AK Staatsknete) liegt mit seinen Berechnungen weit über den von Huber vermuteten Werten. Der AK Staatsknete schätzt, daß es »1980 zwischen 1200–1500 Projekte mit insgesamt 10000 bis 15000 festen, d. h. ständig aktiven Mitgliedern gab«; der Berliner Senat folgt indirekt den Zahlenangaben des Arbeitskreises Finanzierung von Alternativprojekten.

Nun, das BuMiJFG gab einfach meine Zahlen von 1980 wieder. Der AK Staatsknete wiederum hat keine »Berechnungen« durchgeführt, sondern Passagen eines Entwurfes übernommen, den ich – als ursprünglich bei der Gründung des AK Staatsknete Mitbeteiligter – zu Propaganda- und Verhandlungszwecken verfaßt hatte. Bei solchen Anlässen pflegt man ja immer etwas »draufzusatteln«, damit man schließlich das bekommt, was einem in etwa entspricht. Nachher wird das dann in akademische Sprach- und Schriftriten gegossen, in Bundes- und Abgeordnetenhausdrucksachen mit einer amtlichen Nummer versehen und in den fleißigen Mühlen der Informationsgesellschaft ich weiß nicht wie viele Male reproduziert...

11 Diese Zahl setzt sich zusammen aus 380–400 mehr oder minder alternativen/»neuen« Selbsthilfegruppen, die im Verlauf der letzten Jahre an die Senatsverwaltung herangetreten sind, plus 120 Altengruppen plus 90 Gruppen, die laut Senatsbericht 1985 keine Zuwendungen beantragen/erhalten haben, aber indirekt über SEKIS u. ä. mitgefördert werden.

12 Im Jahresbericht 1984 der Hamburger Kontakt- und Informationsstelle für Selbsthilfegruppen werden »764 Selbsthilfegruppen im Hamburger Raum« (S. 13) gezählt. Man müßte nun wissen, ob dieser Raum bis Lübeck und Oldenburg reicht oder auf Hamburg beschränkt ist.

13 Grunow 1985, 342.

14 Eigene Zusammenstellungen unter Rückgriff auf Fröhlich o. J.

15 Wollte man eine Primärgruppen-Dichte errechnen, so ergäbe sich eine Ziffer von 23,2 (bei 1,85 Mio. Einwohnern West-Berlins 1985).

16 Bei der Zählung der Projekt-Formen entfielen 30 % auf Primärgruppen mit durchschnittlich 2 Untergruppen, 54 % auf Selbsthilfevereine mit durchschnittlich 9,5 Untergruppen, und 16 % auf »Hilfe zur Selbsthilfe«-Organisationen und Selbsthilfeverbände mit durchschnittlich ebenfalls 9,5 Untergruppen. Daraus ergeben sich 4350 Primärgruppen.
Bei einer durchschnittlichen Mitgliederzahl von 12 Personen, ergäbe dies 52 200 Menschen. Jedoch nehmen viele Mitglieder eines Projektes an mehreren Untergruppen zugleich teil, also nicht nur im Gesprächskreis, sondern etwa auch beim Schwimmen und in der autogenen Trainingsgruppe, so daß man diese Zahl wenigstens dritteln, wenn nicht vierteln muß – womit man zu einer Zahl von 12.– 17 000 gelangt.
17 Moeller 1978, 161.
18 Der »Forschungsverbund Laienpotential...« berichtet von »o,5–1 v. H. der Hamburger Wohnbevölkerung« (1985, 4). Breitkopf (1983, 53) ermittelte »1 % der Bevölkerung zwischen 15 und 80 Jahren«. Vilmar/Runge (1986, 30) kommen zu dem Ergebnis, daß »1–1,5 % der 14- bis 62jährigen in einer sozialen Selbsthilfegruppe mitarbeiten«.
19 Gleiche Quellen wie obige Anmerkung. Außerdem Gross (1982, 38) wo eine Infratest-Umfrage zitiert wird, derzufolge 40 % eine Beteiligungsbereitschaft äußerten.
20 Breitkopf 1983, 53.
21 Vgl. Trojan et al. 1986, 47 u. 251; »Forschungsverbund...« 1985, 4.
22 Trojan et al. 1986, 306.
23 Rosenbrock 1983, 3; 1984, 5.
24 I. d. S. auch »Forschungsverbund...« 1985, 4 sowie schon J. Huber 1980 und spätere.

Selbsthilfegruppen als gesellschaftliches und politisches Phänomen

1 Vgl. u. a. Dettling 1986, 121; J. Huber 1986, 153 ff.
2 Für Ausführungen zum Subsidiaritätsprinzip vgl. M. Bellermann 1977, 163 ff.; O. v. Nell-Breuning 1980; H. J. Wallraff 1975; A. Anzenbacher 1978; auch U. Fink 1983, 25 ff.; Dettling 1983, 60; Behrendt et al. 1981, 105; Badelt 1980, 19 f.; Asam 1983, 17.
3 Illich 1985, 30.
4 Dies alles ausführlich ausgebreitet in meinem Buch »Die Regenbogengesellschaft«, 131 ff.
5 Zu einer zusammenfassenden Diskussion der Eigenarbeits- und Dualwirtschaftsfrage vgl. mein Buch »Die zwei Gesichter der Arbeit« 1984.
6 Ausnahmen Brunn und Sund 1984, 362 u. 372; Kaiser 1985, 94; Hegner/Schlegelmilch 1983, 1984.
7 Vgl. in diesem Sinne die Arbeiten von Peter Gross, insbesondere »Die Verheißungen der Dienstleistungsgesellschaft« 1983.

8 Vgl. auch Trojan et al. 1986, 299.
9 W. Dettling 1984, 363.
10 SPD 1984 a u. 1984 b. Auch die Selbsthilfe-Tagung der Friedrich-Ebert-Stiftung im Februar 1984 ist eher als die Reaktion einer bewußten Minderheit in der Partei zu sehen. Sie stand zudem unter der irreführenden Annahme, Selbsthilfepolitik habe etwas mit Rotstiftpolitik zu tun.
11 Vgl. Fink 1985 b, 125.
12 H. Geißler 1976, 15; zur Diskussion darüber insb. Groser/Veiders 1979; Mosdorf 1980; Ehrenberg/Fuchs 1980, 63 ff.
13 Jänicke 1982, 71 f.
14 Fink 1985 b, 126.

Tertiäres Milieu und Pädithen-Syndrom

1 Alle diese Gesichtspunkte wurden übrigens so oder so ähnlich schon Anfang der 70er Jahre sehr ausführlich von Alan Gartner und Frank Riessman herausgearbeitet, und zwar in ihrem Buch »Der aktive Konsument in der Dienstleistungsgesellschaft. Zur politischen Ökonomie des tertiären Sektors« 1978 (im amerikanischen Original »The Service Society and the Consumer Vanguard« 1974). Dieses Buch wurde von der deutschen Bewegung meist links liegen gelassen. Auch ich habe mich (1980) eher kritisch darauf bezogen. Der Grund dafür scheint mir darin zu liegen, daß die Bewegung, ganz im Gegensatz zu ihrer Meinung über sich selbst, nicht so sehr »links« war (wie die erklärten »demokratischen Sozialisten« Gartner/Riessman), als vielmehr von konservativ-romantischen Ideen inspiriert, denen zufolge die Ökonomisierung und sonstige Profanisierung des eigenen Lebens nur als Sakrileg erscheinen konnte.
2 Dies widerspricht einer verbreiteten Auffassung, wonach vor allem Frauen in Selbsthilfegruppen gingen. Wenn aber z. B. Frauen in Krebsgruppen deutlich überwiegen, so kommt das daher, daß die ersten dieser Gruppen von brustamputierten Frauen waren (worunter man natürlich keine Männer findet) und sich erst allmählich auch andere Krebserkrankungen dazugesellten. Ähnlich bei Altengruppen, wo der hohe Frauenanteil (82 %) noch immer auf das Schicksal vieler Frauen als Kriegerwitwen zurückzuführen ist. Umgekehrt überwiegen deutlich die Männer bei Sucht- und Anfallkranken. Das hängt z. B. damit zusammen, daß 70 % aller Epileptiker Männer sind, und Männer immer noch stärker als Frauen zu Alkohol und Drogen neigen.
3 Statistisches Bundesamt, Datenreport 1985, 44. Der Anteil der Alleinlebenden in West-Berlin beträgt 22 % der Bevölkerung (Stat. Jahrbuch Berlin 1985, S. 64).
4 Die Verteilung in der gesamten Stichprobe ist folgende:

Alter	−20	20−	30−	40−	50−	60−	70−	80−
	1 %	16 %	28 %	19 %	13 %	6 %	15 %	3 %

5 Eine Ausnahme bilden auch hier die Alten. Unter ihnen sind 71 % ehem.

Volksschüler (heute: Hauptschule) und 29 % Realschüler. Letzteres aber ist für die fragliche Generation sicherlich ein überdurchschnittlich hoher Anteil weitergehender Bildung.

6 Zur milieuspezifischen Zusammensetzung der Selbsthilfegruppen vgl. auch Köhler/Thorbecke 1986, 10, 4; Trojan et al. 1986, 35 f., 67, 208, 298; Moeller 1981, 57, 136 u. 1978, 11, 191; Badelt 1981, 166; Geißler 1982, 80; Kickbusch et al. 1981, 141 f.; Nelles/Beywl 1984, 217 ff.; Kück 1985 b, 31; Kaiser 1985, 100; Hegner/Schlegelmilch 1983, 21; Rosenbrock 1984, 6; Breitkopf 1983, 63; Deimer et al. 1983, 79; Breitkopf et al. 1980, 107, 121.

7 Pankoke 1983, 43, auch 39 f.

8 Gross 1982, 31.

9 In diesen Angaben sind die Altengruppen nicht mitgezählt, da sie ein generationsbedingt noch untypisches Bild bieten.

10 Man hat in der neueren Literatur »*Soziale* Selbsthilfegruppen« von »*Selbst*hilfegruppen« einer eher »narzißtischen Psychokultur« (H. E. Richter) unterscheiden wollen. (So z. B. Vilmar/Runge 1986; oder Krotz 1986). Meines Erachtens geht das an der realen Sachlage vorbei. Es mag durchaus so sein, daß manche Gruppen eher sich selbst genügen, während andere mehr nach außen drängen. Der springende Punkt dabei ist aber, daß sie *so und so* dem tertiären Milieu zugehören, sich am kooperativen Interventionsmodell orientieren und ein Pädithen-Verhalten an den Tag legen.

11 Moeller 1978, 67 u. 1981, 279.

12 Zit. als Motto in F. Cramer, Fortschritt durch Verzicht, Frankfurt (Fischer) 1978. Vermutlich stammt die Stelle aus einem Brief an Charlotte von Stein aus Rom 1787.

Bewegung im intermediären Raum

1 Vgl. J. Huber 1985, 163 ff.; in gleicher Weise auch Trojan et al. 1986, 170 ff.

2 Wolfenden-Report 1978, 22 ff.

3 Vgl. Herder-Dorneich 1982, 17 f.

4 Zur Aktualität Oppenheimers vgl. Novy 1980.

5 Herder-Dorneich 1982, 20 f., 31, 35 ff.

6 Herder-Dorneich 1982, 35.

7 zit. Deimer et al., 1983, 16.

8 Vgl. z. B. Geißler 1982, 79.

9 Ähnliche Ergebnisse bei Köhler/Thorbecke 1981, 11; andere, ihrer Systematik wegen schwer vergleichbare Motivdarstellungen bei Deneke/Kegler/Slotty 1981, 145; Deimer et al. 1983, 16 ff.; Münchner medizinische Wochenschrift 127 (1985), Nr. 43, S. 17.

10 Die Männer dabei zu 56 % mehr noch als die Frauen, die zu 48 % alleine leben.

11 In dieser Hinsicht ähnelt die Struktur der Gruppenmitglieder übrigens in auffälliger Weise jener der arbeitslosen Sozialhilfeempfänger: Von diesen sind nur 11 % verheiratet.

12 I. d. S. auch Behrendt et al. 1983, 24; Breitkopf 1983, 59.
13 I. d. S. auch Pankoke 1983, 39.

Fachliche Leistung und persönliche Wirkung der Selbsthilfegruppen

1 Dies deckt sich mit den Befunden bei Behrendt et al. 1981, 119.
2 Nach Kaufmann (1982, 66ff.) sind als »Wirkungen sozialpolitischer Intervention« denkbar: Verbesserungen (1) des rechtlichen Status, (2) der Einkommensverhältnisse, (3) der materiellen und sozialen Umwelt, (4) der Handlungskompetenz von Personen.
3 Moeller 1981, 274.
4 Den Ausdruck Melioration verwende ich hier im Sinne von Dahrendorf (1975, 11ff. u. 87ff.).
5 ›peorativ‹ von lat. peior = schlechter, schlimmer; depeorativ = wörtl. ›entschlimmernd‹, sinngemäß ›eine Verschlechterung zurücknehmend‹.
6 Schmidt o. J., 144f.
7 Synanon 1981, 73.
8 Dies alles schon sehr klar erfaßt in den Thesen des Deutschen Paritätischen Wohlfahrtsverbandes zu den Selbsthilfevereinigungen im Gesundheitswesen (1984, 382f.). Auch bei Moeller 1978 u. 1981.
9 I. d. S. auch Trojan et al. 1986, 207f. u. 299.
10 Dazu neuerdings auch Glatzer / Berger-Schmidt 1986.
11 80 % Zufriedenheit referiert Moeller 1981, 273.
12 Bestätigende Befunde bei Halves / Binder 1981, 149ff.; Trojan et al. 1986, 182.

Entwicklungsdynamik zur Institutionalisierung der Selbsthilfegruppen

1 Vgl. dazu auch Nelles / Beywl 1984, 178.
2 Oppenheimer 1986, 45 u. 117ff.; vgl. auch Thiemeyer 1981, 204.
3 Herder-Dorneich 1982, 35f.
4 Rosenbrock 1983, 4.
5 Z. B. Haas 1986, 11; Behrendt et al. 1981, 107f.
6 Vgl. Thiemeyer 1981, 204 u. 216; Badelt 1980, 161; Trojan et al. 1986, 42.

Professionalisierung: neue Helfer, neue Dienste, neue Klientel

1 Vgl. Wilk 1986.
2 SenGesSoz 1984, Anlage 3, S. 2.

3 Fröhlich 1983, 3.
4 Fink 1983b, 36. Es muß sich des weiteren um eine versicherungspflichtige Tätigkeit handeln, d. h. mindestens 20 Std. die Woche. Stellenteilung bis zu dieser Grenze ist zulässig, in der Praxis die Regel.
5 Evers 1986b, 6.
6 Elele 1985, 9 u. 11.
7 Vgl. u. v. a. AG »Frauen« in: SenGesSoz 1985a, 182; auch Evers 1986a, 27. Auf der Fachkonferenz zur Förderung lokaler Selbsthilfegruppen im Juli 1986 in Essen sagte ein Sprecher: »Sie wollen und können ihre nach Jahren teilweise hochprofessionalisierte Arbeit nicht mehr ehrenamtlich leisten und gesellschaftliche Bedürfnisse auf Grundlage freiwilligen Engagements erfüllen« (taz, 8. 7. 86, S. 4). Auch Kriescher-Fauchs / Schaeffer 1985, 257.
8 Vgl. Hegner / Schlegelmilch 1983, 27.
9 Melcher 1985, 1.
10 Zur allgemeinen Professionalisierung neuer sozialer Dienste auch Hegner 1985, 115 ff.
11 Marzahn 1985, 329.
12 Moeller 1981, 177 u. ff.
13 Haas et al. 1986, 16.
14 Vgl. dazu insb. das Modell des »VIF-Hilfsdienst für Behinderte«: Behindernde Hilfe ... 1982; auch Rosenbrock 1983, 12.
15 Schmidbauer 1983, 131 f.
16 E. Huber 1983, 3, u. 1986, 367.
17 Köttelwesch 1986, 64.
18 Gross 1985c, 62.
19 Dazu auch Herder-Dorneich 1982, 33 f.
20 Vgl. Bremen 1983, 217.
21 Breitkopf 1983, 65 / 66.
22 Behrendt et al. 1981, 93 ff.
23 Behrendt / Kegler 1986, 218.
24 Breitkopf / Grunow et al. 1980, 106.

Selbsthilfegruppen, Staat und staatliche Förderung

1 Vgl. SenGesSoz 1985a, 14.
2 Ich vermag daher Rosenbrock (1983) in seiner These einer vermeintlichen »Marktorientierung« der Selbsthilfegruppen nicht zuzustimmen.
3 Vgl. SenGesSoz 1983, 1984, 1985b.
4 Weitere Einzelheiten in SenGesSozFam 1984 (Hg); SEKIS Jahresberichte 1984 u. 1985; Fink 1983a, 1983b u. 1985b; zur Diskussion Vilmar / Runge 1986, 65–74; Haas 1986, 31 ff.; Grottian / Krotz et al. 1985; Evers 1986a, 29 u. 1986b, 17 ff.; E. Huber 1986, 333 ff.; Rosenbrock 1984, 10; Krotz 1986, 54 ff.
5 Wend 1983, 263.

6 1984 wurden für die Sachbearbeiter aus dem Selbsthilfe-Topf 374800 Mark aufgewendet. Dazu kommen weitere ca. 150000 Mark Personalmittel, die anderweitig bezahlt werden. Arbeitsplatz- und Gebäudekosten für die betreffenden Mitarbeiter/innen kann man mit ca. 50000 Mark in Rechnung stellen.
Bei 231 Anträgen, die 1984 bearbeitet wurden, ergibt sich daraus ein Durchschnitt von 2489 Mark pro Antrag. Nicht gerechnet ist hierbei die durchaus beträchtliche Mit- und Zuarbeit, die noch von anderen Stellen geleistet wird – den Fachabteilungen im Haus, den Bezirksämtern und anderen Senatsverwaltungen, von denen Stellungnahmen und Gutachten eingeholt werden. – Man wird sagen, daß größere Anträge auch mehr Arbeit machen. Das ist nach meiner Erfahrung manchmal zutreffend, oft aber auch nicht. »Große« Anträge sind eher professionell und machen dann weniger Arbeit.
7 Gleiche Ergebnisse bei Brombach 1985, 98. – Bei der genannten Zahl sind Alte, Behinderte und Ausländer nicht mitgezählt, da diese, wie a. a. O. erläutert, in diesen Fragen grundsätzlich anders eingestellt sind.
8 Behrendt et al. 1981, 120.
9 Krotz 1986, 24.
10 Kohlenberger/Schwarz 1982, 62.
11 Vgl. Lehmann-Brauns 1982.
12 Lummer hieß der damalige Innensenator, der als solcher für Polizeieinsätze bei Demonstrationen und Häuserräumungen letztverantwortlich war.

Selbsthilfe als Wirtschaftsfaktor

1 Daten des Gesundheitswesens 1985, 222.
2 Sozialbericht 1986, 98. Die genannte Summe versteht sich ohne Einkommensleistungen (wie z. B. Renten). Insg. belief sich das Sozialbudget 1985 auf 572 Mrd. Mark.
3 Daten des Gesundheitswesens, Ausgabe 1985, 321.
4 Diese Zahl ergibt sich aus der Existenz von ca. 20000 Gruppen mit einem durchschnittlichen Jahresbudget von schätzungsweise 6000 Mark.
5 In Berlin gibt es rund drei Dutzend »Großprojekte« mit Etats von z. B. 69000,– oder 280000,– bis zu 1700000,–; darunter ein untypischer »Ausrutscher« (Synanon) mit gleich mehreren Millionen Mark Jahresetat. Von den 600 Selbsthilfeprojekten West-Berlins sind des weiteren 130 Altengruppen, die zusammen auf rund 120000,– kommen. Der verbleibende Rest fällt dann wesentlich in zwei Kategorien – ca 45 % mit einem Durchschnittsetat von 5000,– und ca. 55 % mit einem Durchschnittsetat von 33000,–. Im einzelnen zusammengenommen ergibt dies die genannten Größenordnungen von 18–23 Mio. Mark jährlich. – Die Bereitschaft, über ihre Finanzen detailliert Auskunft zu geben, war bei den professionelleren Projekten eher vorhanden, aber generell recht unterschiedlich ausgeprägt. Eine detaillierte Bilanz für

alle untersuchten Projekte aufzumachen, gelang nicht. Wohl aber gelang es, ein deutliches Muster der Haushaltsstruktur der Projekte zu bekommen. Einen zuverlässigen Hinweis dürften hier auch die aus dem Selbsthilfetopf bewilligten Fördersummen geben. Im Zeitruam 1984/85 erhielten

bis zu 2500 Mark	6 %	der geförderten Projekte
2500– 5000 Mark	10 %	der geförderten Projekte
5000–10000 Mark	12 %	der geförderten Projekte
10000–20000 Mark	13 %	der geförderten Projekte
20000–30000 Mark	12 %	der geförderten Projekte
30000–40000 Mark	14 %	der geförderten Projekte
40000–50000 Mark	11 %	der geförderten Projekte
50000–60000 Mark	8 %	der geförderten Projekte
60000–70000 Mark	6 %	der geförderten Projekte
70000 und mehr Mark	8 %	der geförderten Projekte.

Im Durchschnitt erhielten Projekte im Bereich Soziales 40000, Frauen 39000, Gesundheit 32000, Ausländer 26000, Behinderte 17000 und die Mehrzahl der Seniorenfreizeitgruppen (soweit nicht mit großen Beträgen unter »Soziales« gefördert) 810 Mark.

6 Melcher 1985, 4.

7 Vgl. Badelt 1980, 146f.

8 Zur Finanzierung von Selbsthilfeprojekten vgl. u. a. auch Beywl 1983, 228 u. 1985, 7ff.; Kohlenberger et al. 1982, 35f.; Hegner/Schlegelmilch 1983, 23; Brombach 1985, 102.

9 Zur Finanzierung von Selbstorganisationen vgl. auch Badelt 1980, 127ff.

10 Vgl. Grottian/Kück 1983, 105.

11 Vgl. die jeweiligen Jahresend- und -zwischenberichte in SenGesSoz 1983–1986.

12 Dieser Befund deckt sich mit dem bei Brombach 1985, 102.

13 E. Huber 1986, 368.

14 Dieser Zahl liegen zugrunde 210 Projekte (35 % v. insg. 600 Projekten), die in der Stichprobe im statistischen Durchschnitt 1,15 volle Stellen aufwiesen; und 336 Projekte (56 % v. insg. 600 Projekten) mit rechnerisch je 2,35 Teilzeitstellen.

15 A. Evers 1986a, 8.

16 318 Projekte (53 % v. 600), die in der Stichprobe im statistischen Durchschnitt 2,03 Honorarkräfte beschäftigten.

17 Grottian/Kück 1983, 93ff., insb. 107.

18 Zu den aktuellen und virtuellen Beschäftigungseffekten von Arbeitslosenprojekten, selbstorganisierten und selbstverwalteten Projekten, »neuen Selbständigen« und noch anders abgegrenzten Projekten vgl. Kaiser 1985 und Kück 1985a und 1985b.

19 Haas et al. 1986, 13; sinngemäß überzogen auch die Vorstellungen bei Vilmar/ Runge 1986, 139.

20 Bischoff/Damm 1985, 19.

21 I. d. S. auch Badelt 1980, 270.

22 Vgl. auch Krebs/Schauerte 1986, 2.

23 Der Kalkulation liegen des weiteren zugrunde: 240 Vollzeitstellen zu 8 Stunden mal 22 Monatsarbeitstage mal 11 Monate zuzüglich 25 % Überstunden. In gleicher Weise 790 Teilzeitstellen zu 5 Stunden täglich. Die 650 Honorarkräfte wurden mit 35 Mark je Doppelstunde veranschlagt. Bei den Ehrenamtlichen wurden zugrunde gelegt 120 Altenprojekte mit durchschnittlich 5 Personen zu 22 Stunden wöchentlich während 11 Monaten; in gleicher Weise 300 sonstige Projekte (62 % von 600 minus 120 Altenprojekte) mit einem Anteil von 15 Stunden wöchentlich pro Ehrenamtlichem. Diese Eckwerte ergaben sich aus der Stichprobe.

24 Prognos 1984, 18. Vgl. dazu auch Badelt 1980, 241 ff.

25 Dabei sind jedoch neben den mobilisierenden auch die demobilisierenden Wirkungen der Hauptamtlichkeit zu berücksichtigen. Außerdem beruht das o. g. Verhältnis auch auf unbezahlten Überstunden der Hauptamtlichen und der, jedenfalls von ihnen selbst so erlebten, teilweisen Unterbezahlung.

26 Gleiche Erfahrungen machten Nelles / Beywl / Bremen 1984, 236 f.

27 Vgl. i. d. S. auch Koschwald 1981, 173 ff.

28 Wicke 1986, 27 f; auch Leipert 1984.

29 Wicke 1986, 132 f.

30 Anregung und Angaben zu diesem wie zwei weiteren Beispielen verdanke ich u. a. Herrn Spindler von der Berliner Senatsverwaltung für Gesundheit und Soziales.

31 Rosenbrock 1983, 15.

32 J. Vielhauer, seinerzeit Redakteur der »taz«; zit. Körner / Greese 1983, 223.

33 Ähnliche Ergebnisse bei Hartmann 1985, 10; zit. Evers 1986 a, 11.

34 Dabei sind evtl. Einnahmenausfälle nicht berücksichtigt. – In der Diskussion zirkulieren häufig auch Zahlen von 100 000 Mark und mehr pro Fall.

35 Quellen u. a. Future Survey, Vol. 8, No. 7, July 1986; The Economist Aug. 23, 1986, 33; Sept. 27, 1986, 31; für Hinweise danke ich auch den Mitarbeitern der Deutschen AIDS-Hilfe.

36 1986 alle Aids-Hilfe-Projekte ca. 483 000 Mark.

37 Beispiel angelehnt an Schmidt o. J., 146.

38 Stokes 1981, 103.

39 Schipperges. 1982, 66.

40 Bei Arzneimitteln 2,5 Mrd., Heilmitteln 0,5 Mrd.; ärztlicher Behandlung 1,5 Mrd., den Rest im stationären Bereich. U. Geißler 1982, 84 ff.

41 Wesel 1985, 8.

42 Gebührenverzeichnis für die Benutzung polizeilicher Einrichtungen v. 14. April 1986. Gesetzesblatt für Berlin, 42 Jg., Nr. 21, 25. April 1986.

43 Heckmann 1981, 245.

44 Pokatsky 1983, 116.

45 In den 120 Mark sind die sächlichen und baulichen Investitionen mit umgelegt. Ohne diese: 93,50 Mark. (Mitteilung der Innenverwaltung). JVA-Kosten auch in Tagesspiegel v. 7. Dez. 1983, S. 10.

46 Die Angaben für diese Beispiele verdanke ich im wesentlichen den Aktiven bei »Trockendock« und der »Alkoholiker-Strafgefangenen-Hilfe«.

47 Sozialpolitische Informationen, Jg. XIX / 12, 19. Juni 1985.

48 Für einen Überblick zur Berliner Drogenszene vgl. Berliner Drogenbericht, Aug. 1983, hrsg. v. Senator für Schulwesen, Jugend und Sport.
49 Vgl. dazu: Psychosoziale Hilfen im regionalen Verbund 1982. Deutsche Gesellschaft für Soziale Psychiatrie, Postf. 1253, 3050 Wunstorf 1.
50 Psychosoziale Hilfen... 1982, 16.
51 Als »angemessen« wurden hier angenommen 290 Gruppen (1 Gruppe auf 12 Personen), die je 18000 Mark jährlich erhalten (was bei angenommenen 1–2 Tagen Arbeit pro Woche eher viel als wenig sein dürfte).
52 Maier 1986, 24.
53 Impulse, Heft 3 (1986), S. 6/7.
54 Netzbau-Broschüre 1982, 69.
55 Haas et al. 1986, 16.
56 Vgl. J. Huber 1983 b, 223.
57 Ehrlinger 1983, 251.
58 Das Beispiel stammt aus Fink 1984, 16.
59 U. Geißler 1982, 83 f.
60 Hierbei ist ein Heimpflegesatz von mtl. 2400 Mark zugrunde gelegt. Vgl. Stiftung Warentest, 21. Jg., Januar 1986, S. 24 ff., insbes. 28.
61 Bsp. zitiert nach Fink 1984, 17.
62 Nach Badelt 1980, 265; 1985, 230.
63 Zugrundegelegt wurden dabei für BAT II durchschnittlich 5500 mtl., für BAT III/IV 4600 und BAT V/VI 3500. Durchgespielt wurden mehrere Beispiele, wie z. B.: Mann, 35 Jahre, 5 Dienstjahre, verheiratet, ohne Kinder; oder Frau, 40 Jahre, 0 Dienstjahre, 1 minderjähriges Kind.
64 Als Anhaltspunkt dient: 1985 wurden aus dem Selbsthilfetopf für 176 Projekte 3,4 Millionen Mark Personalmittel bewilligt, zu BAT Vb-Sätzen, die deutlich unter den anderweitig bezahlten liegen. Ansonsten: 65–80% der professionelleren Projekthaushalte für Personal.

Zur sozioökonomischen Gesamtwirkung der Selbsthilfegruppen und neuen sozialen Dienste

1 Zur Systematik der Kosteneffekte von Selbsthilfeprojekten vgl. Badelt 1980, 253 ff.
2 Vgl. z. B. Fink 1985 in SenGesSoz 1985; oder die Äußerungen bezüglich erwarteter Kostendämpfungen der Gesundheitsministerkonferenz 1982, die ebenfalls von Fink geprägt waren.
3 Vgl. Breitkopf 1982, 64 ff.; Münch.med.Wschr., 18.
4 Neuerdings gibt es auch in München ein interessantes Modellkonzept zur Förderung von Selbsthilfe- und Alternativprojekten im Sozial- und Gesundheitsbereich. Vgl. Hertel/Tiedt 1984.
5 Vgl. Psychosoziale Hilfen... 1982.
6 Dazu auch Thiemeyer 1981, 211.
7 E. Huber 1984, 377.

8 E. Huber 1986, 376.
9 Vgl. Grottian et al. 1985; Krotz 1986.
10 Vgl. u. a. Miegel 1981 u. 1983; auch »Die Regenbogengesellschaft«, S. 221.
11 Hier spielen insbesondere die Überlegungen um Grund-, Mindestrente oder garantiertes Minimum eine Rolle. Vgl. dazu u. a. auch Th. Schmid (Hg), Befreiung von falscher Arbeit, vollständig veränderte Neuausgabe, Berlin 1986.

Zur Methodik

1 Die Studien wurden an entsprechender Stelle genannt und sind im Literaturverzeichnis enthalten.
2 Im einzelnen enthielt die Stichprobe folgende Projekte (P): zwei Krebs-P, zwei Aids-P, ein Anfallkranken-P, ein Rheuma-P, ein Eßsucht-P, drei Alkoholiker-P, ein (großes) Drogen-P, zwei Psychiatrie-P, zwei Behinderten-P, vier Alten-P, vier Jugend- bzw. Jugendarbeitslosen-P, vier Ausländer-P, vier verbandsartige Organisationen, die ausschließlich Hilfe zur Selbsthilfe leisten.
3 Trojan et al. (1986, 318) erreichten 58%, ohne Angabe, ob konsensual oder dissensual. Hegner/Schlegelmilch (1983, 2) kamen bei vergleichbaren Arbeitsloseninitiativen auf 25%, während Fröhlich (1983, 3) angibt, 91% erzielt zu haben.
4 Trojan et al. 1986, 318; Nelles/Beywl 1984, 70ff.; Brombach 1985, 99.
5 Kriterien für die Förderung von Selbsthilfegruppen. Senatsbeschluß vom 24. August 1982; Fink 1983, 47.
6 Brombach 1985, 16: 15%; Stiftung Warentest 1986, 28: 17%.
7 An die Mitglieder von Ausländer-Selbsthilfegruppen wurden keine Fragebögen ausgehändigt, weil sich dies wegen Sprachproblemen als sinnlos erwies. Jedoch haben die ausländischen Leiter dieser Gruppen Bögen ausgefüllt. Die Rücklaufquote der »Professionellen« betrug 25%, die der »einfachen Mitglieder« 37%.
8 Vgl. auch Köhler/Thorbecke (1986, 9), wo mit Stichprobengrößen von 32 und 57 Personen bzw. Fragebögen gearbeitet wurde.

Literatur

Anzenbacher, Arno, 1978: Menschenwürde zwischen Freiheit und Gleichheit. Christliche Soziallehre, St. Pölten / Wien

Arbeitskreis Freiwillige Soziale Dienste/Freiwilliges soziales Jahr (Hg), 1973: Das freiwillige soziale Jahr. Ein dokumentarischer Bericht, Bonn

AOK Berlin, 1985: Geschäftsbericht 1984, Berlin

Asam, Walter H., 1983: Selbsthilfe – analytische Konkretisierung eines sozialpolitischen Schlagwortes. In: Asam/Heck (Hg), 1983

Asam, Walter H., Michael Heck (Hg), 1983: Soziale Selbsthilfegruppen in der Bundesrepublik Deutschland. Aktuelle Forschungsergebnisse und Situationsdiagnose, München (Minerva)

Badelt, Christoph, 1980: Sozioökonomie der Selbstorganisation, Frankfurt (Campus)

Badelt, Christoph, 1981: Selbsthilfe – eine verborgene ökonomische Macht? In: Kickbusch/Trojan (Hg), 1981

Badelt, Christoph, 1985: Politische Ökonomie der Freiwilligenarbeit, Frankfurt (Campus)

Badura, Bernhard, Christian von Ferber (Hg), 1981: Selbsthilfe und Selbsthilfeorganisationen im Gesundheitswesen. München / Wien (Oldenbourg)

Bäcker, Gerhard, 1979: Entprofessionalisierung und Laisierung sozialer Dienste. Richtungsweisende Perspektive oder konservativer Rückzug? In: WSI Mitt., 32. Jg.

BBJ Consult Berlin, 1986: Info Nr. 4 (Mai) u. Nr. 5 (Juni, Tätigkeitsbericht 1985–86)

Behinderten-Kongreß Behindernde Hilfe oder Selbstbestimmung der Behinderten. Internationale Tagung »Leben, Lernen, Arbeiten in der Gemeinschaft«, März 1982, hrsg. v. d. Vereinigung Integrationsförderung e. V., Herzog Wilhelm Str. 16, 8 München 2

Behrendt, Jörn-Uwe, Christiane Deneke, Ralf Itzert, Alf Trojan, 1981: Selbsthilfegruppen vor der Vereinnahmung? In: Badura/Ferber (Hg), 1981

Bellermann, Martin, 1977: Sozialstaat und Selbsthilfe, Dissertation FU Berlin, FB 15

Berger, Johannes, Volker Domeyer, Maria Funder, Lore Voigt-Weber, 1984: Informeller Sektor und alternative Ökonomie. Forschungsbericht Nr. 7 »Zukunft der Arbeit«, Universität Bielefeld, Juni 1984

Berliner Drogenbericht, 1983, hrsg. v. Senator für Schulwesen, Jugend und Sport, Berlin

Beywl, Wolfgang, 1983: Alternative Ökonomie. In: Blätter der Wohlfahrtspflege, 130. Jg., Sept.

Beywl, Wolfgang, 1985a: Konsumenten als Produzenten. Vortrags-Ms., Evang. Akad. Loccum
Beywl, Wolfgang, 1985b: Alternativ-ökonomische Projekte in Nordrhein-Westfalen. In: De Schnüss. Stadtzeitung in Bonn, Heft Nr. 3
Beywl, Wolfgang, Hartmut Brombach, 1982: Selbsthilfeorganisation im Raum Köln / Bonn. Studiengruppe Partizipationsforschung, Universität Bonn
Beywl, Wolfgang, Hartmut Brombach, 1984: Neue Selbstorganisationen. In: Nelles / Beywl, 1984
Bischoff, Harald, Diethelm Damm, 1985: Arbeitsplätze selber schaffen, finanzieren und behalten. München (Biederstein)
Blanke, Bernhard, Adalbert Evers, Helmut Wollmann (Hg), 1986: Die zweite Stadt. Neue Formen lokaler Arbeits- und Sozialpolitik. Leviathan-Sonderheft Nr. 7
Braun, Hans, 1985a: Professionelle Hilfe und Laienselbsthilfe in sozialpolitischer Sicht. In: Wacker / Neumann (Hg), Geistige Behinderung und soziales Leben, Frankfurt (Campus)
Braun, Hans, 1985b: Chancen und Grenzen der Laienhilfe. Thesenpapier zum Seminar des Deutschen Instituts für Urbanistik »Soziale Netze«, 23.–26. Sept.
Breitkopf, Helmut, 1983: Entwicklungschancen und Barrieren hinsichtlich der Teilnahme an gesundheitlichen Selbsthilfegruppen in der Bevölkerung der Bundesrepublik. In: Asam / Heck (Hg)
Breitkopf, Helmut, Dieter Grunow, Vera Grunow-Lutter, Wolfgang Paulus, 1980: Selbsthilfe im Gesundheitswesen: Einstellungen, Verhalten und strukturelle Rahmenbedingungen, Bielefeld (B. Kleine)
Bremen, Klaus, 1983: Selbsthilfe. In: Blätter der Wohlfahrtspflege, 130. Jg., Sept.
Brombach, Hartmut, 1985: Bestandsaufnahme sozial-kultureller Initiativen im Bereich der wohnumfeldbezogenen Freizeitgestaltung. Bonn (Stiftung Die Mitarbeit)
Brunn, Anke, 1984: Strukturen für Selbsthilfe. In: Neue Gesellschaft, 31. Jg., Nr. 4 / April
Buchinger, Kurt, 1981: Professionelle Helfer und psychotherapeutische Selbsthilfegruppen. In: Kickbusch / Trojan (Hg)
Buch, Gerhard, Andreas Brenneisen, Wolfgang Jaedicke, Helmut Wollmann, 1986: Die »Fabrik Osloer Straße« in Berlin. Fallstudie des Instituts für Stadtforschung und Strukturpolitik Berlin, Mai
Bundesministerium f. Familie, Jugend u. Gesundheit, 1985: Daten des Gesundheitswesens, Stuttgart (Kohlhammer)
Dahrendorf, Ralf, 1975: Die neue Freiheit, München (Piper)
Dammann, Bernd, 1983: Das Verhältnis von alternativen und etablierten Trägern der Wohlfahrtspflege angesichts der Probleme einer »neuen« Sozialpolitik. In: Bauer / Dießenbacher (Hg), Organisierte Nächstenliebe, Opladen (Westdeutscher Verlag)
Deimer, Klaus, Dieter Jaufmann, 1983: Soziale Selbsthilfegruppen. In: Asam / Heck (Hg)
Deimer, Klaus, Dieter Jaufmann, Ernst Kistler, Martin Pfaff, 1983: Selbsthilfe in

der Sozialpolitik – ein Lösungsansatz? In: Aus Politik und Zeitgeschichte, B 34.

Deneke, Christiane, Reinhard Kegler, Angela Slotty, 1981: Selbsthilfegruppen aus der Sicht der Betroffenen. In: Kickbusch / Trojan (Hg)

Dettling, Warnfried, 1983: Die CDU und die Alternativen – entfernte Verwandte? In: Fink (Hg)

Dettling, Warnfried, 1984: Neues Verständnis von staatlicher Politik. In: Neue Gesellschaft, 31. Jg., Nr. 4 / April

Dettling, Warnfried, 1986: Selbsthilfebewegung – Folge und Träger des sozialen Wandels. In: Koch (Hg)

Deutscher Paritätischer Wohlfahrtsverband 1984: Thesen des dpw zu Selbsthilfevereinigungen im Gesundheitswesen. In: Neue Gesellschaft, 31. Jg., Nr. 4 / April

Die Mitarbeit (Hg), 1978: Bürgermitarbeit. Was und wie in 52 Beispielen, Bonn

Die Mitarbeit (Hg), 1979: Bürger-Mitarbeit im Kreis Mettman, Bonn

Die Mitarbeit (Hg), 1983: Bürgermitarbeit in Oberhausen, Bonn

Die Mitarbeit (Hg), 1984: Selbsthilfe-Initiativen in Darmstadt, Bonn

Ehrenberg, Herbert, Anke Fuchs, 1980: Sozialstaat und Freiheit, Frankfurt (suhrkamp)

Ehrlinger, Wolfgang, 1984: »Wer keine Arbeit hat, macht sich welche«. Verbindung von Jugendhilfe, Berufsausbildung und behutsamer Stadterneuerung. In: Stadtbauwelt, Heft 36

Eisenberg, Christiane, 1985: Frühe Arbeiterbewegung und Genossenschaften, Bonn (Neue Gesellschaft)

Elele, Nachbarschaftsladen, 1985: Projektdarstellung. Liberdastr. 10, 1 Berlin 44

Evers, Adalbert, 1981: Über Selbsthilfe, zwei Kulturen und Alternativbewegung. In: Kickbusch / Trojan (Hg)

Evers, Adalbert, 1986 a: Zwischen Arbeitsamt und Ehrenamt. In: Leviathan-Sonderheft Nr. 7

Evers, Adalbert, 1986 b: Weder um Gottes Lohn noch um der Beschäftigung Willen. Hekt. Papier. Erscheint in: Opielka / Ostner (Hg), Umbau des Sozialstaates, Essen (Klartext)

Ferber, Christian von, 1985: Ehrenamt und Selbsthilfe im Wandel ihrer gesellschaftlichen Voraussetzungen. In: SenGesSoz (Hg), 1985 a

Fink, Ulf (Hg), 1983 a: Keine Angst vor Alternativen. Freiburg (Herder)

Fink, Ulf, 1983 b: Hilfe zur Selbsthilfe. Ein Berliner Modell. In: Aus Politik und Zeitgeschichte, B 11

Fink, Ulf, 1985 a: Neue Wege in der Sozial- und Gesellschaftspolitik. In: SenGesSoz (Hg), 1985 a

Fink, Ulf, 1985 b: Aus Problemen Chancen machen. Neue Sozialpolitik am Beispiel Berlin. In: Krainer u. a. (Hg), Nachdenken über Politik, Graz (Styria)

Fink, Ulf, 1986: Ein Zeichen setzen – Erfahrungen des Senats von Berlin mit Selbsthilfeeinrichtungen. In: Koch (Hg)

Flieger, Burghard, 1984: Die soziale und politische Bedeutung produktivgenos-

senschaftlicher Betriebe. In: Ders. (Hg), Produktivgenossenschaften, München (AG Spak)
Forschungsverbund Laienpotential, Patientenaktivierung und Gesundheitsselbsthilfe, 1985: Gesundheitsselbsthilfe und professionelle Dienste, Papier Nr. 15, hrsg. v. Bundesministerium für Jugend, Familie und Gesundheit
Freier, Dietmar, 1984: Angst vor Machtverlust. In: Neue Gesellschaft, 31. Jg., Nr. 4 / April
Fröhlich, Gerhard, 1983: Die quantitative Verbreitung alternativer Projekte in den Regionen Hannover und Nürnberg, hekt. Ms.
Fuß, Reinhard, Ingrid Schubert, 1986: Münchner Selbsthilfeförderung, hekt. Ms., Selbsthilfezentrum München
Gartner, Alan, Frank Riessmann, 1978: Der aktive Konsument in der Dienstleistungsgesellschaft. Zur politischen Ökonomie des tertiären Sektors, Frankfurt (suhrkamp)
Gebührenordnung für Ärzte, 1982, Köln (Deutscher Ärzte Verlag)
Geißler, Heiner, 1976: Die neue soziale Frage, Freiburg (Herder)
Geißler, Heiner, 1982: Laienmedizin und Selbsthilfe in der gesundheitlichen Versorgung der Bundesrepublik. In: Herder-Dorneich / Schuller (Hg)
Gesundheitsbehörde Hamburg (Hg), 1985: Selbsthilfegruppen im Gesundheitswesen im Raum Hamburg, 5. Aufl.
Glatzer, Wolfgang, 1986: Haushaltsproduktion und Netzwerkhilfe. In: sfb3-report der Universitäten Frankfurt u. Mannheim, Nr. 11 / Juli
Goetz, Barbara, 1982: Der Weg in die Selbsthilfegruppe. In: Herder-Dorneich / Schuller (Hg)
Groser, Manfred, Wolfgang Veiders, 1979: Die neue soziale Frage, Melle (Ernst Knoth)
Gross, Peter, 1982: Der Wohlfahrtsstaat und die Bedeutung der Selbsthilfebewegung. In: Soziale Welt, Jg. 33, Heft 1
Gross, Peter, 1983: Die Verheißungen der Dienstleistungsgesellschaft. Soziale Befreiung oder Sozialherrschaft? Opladen (Westdeutscher Verlag)
Gross, Peter, 1985 a: Arbeitsteilung oder zwei Kulturen? Stand und Zukunftsperspektiven der Selbsthilfebewegung. In: Sozialpolitische Bilanz, Arbeitspapiere d. Forschungsschwerpunktes Reproduktionsrisiken, Soziale Bewegungen und Sozialpolitik, Universität Bremen, Nr. 50
Gross, Peter, 1985 b: Das Überangebot an professionellen Dienstleistungen aus sozialökonomischer Sicht. In: Herder-Dorneich / Schuller (Hg), Die Ärzteschwemme, Baden-Baden (Nomos)
Gross, Peter, 1985 c: Liebe, Mühe, Arbeit. Abschied von den Professionen? In: Soziale Welt, Jg. 36, Heft 1
Große Anfrage der Fraktion der CDU im Abgeordnetenhaus von Berlin über »Alternatives Leben«; Drucksache 9 / 349 vom 8. 2. 1982
Grottian, Peter, 1983: Steuergelder für Alternativprojekte? In: Grottian / Nelles (Hg)
Grottian, Peter, 1984: Es gibt keine Koalition zwischen Sparkommissaren und Alternativprojekten. In: Neue Gesellschaft, 31. Jg., Nr. 4 / April
Grottian, Peter, Dieter Grün, Zoltán Jákli, 1983: Projektskizze Hochschulaus-

bildung und Qualifikationsbedarf im Selbsthilfe- und Alternativsektor; FU/ TU Berlin, Juni
Grottian, Peter, Marlene Kück, 1983: Modell Berlin – 10000 neue Arbeitsplätze im Selbsthilfe- und Alternativbereich. In: Fink (Hg); Wiederabdruck in: Bolle/ Grottian (Hg), Arbeit schaffen – jetzt!, Reinbek (rororo) 1983
Grottian, Peter, Friedrich Kroetz, Günter Lüdtke, Michael Wolf, 1985: Die Entzauberung der Berliner Sozialpolitik. In. Frankfurter Rundschau, 2. April
Grottian, Peter, Wilfried Nelles (Hg), 1983: Großstadt und neue soziale Bewegungen, Basel (Birkhäuser)
Grunow, Deiter, 1985: Selbsthilfebewegung, Alternativmedizin und kommunale Vorsorgeprojekte. In: Informationen zur Raumentwicklung, Heft 3/4
Haas, Peter u. a., 1986: Soziale Arbeit und Arbeitsmarkt. Sozialpädagogisches Institut Berlin
Halves, Edith, Marion Binder, 1981: Psychosoziale Frauenselbsthilfegruppen: Konkurrenz oder Ergänzung professioneller Therapie? In: Kickbusch/Trojan (Hg)
Halves, Edith, Alf Trojan, Hans-Wilhelm Wetendorf, 1986: Handlungsfelder und Entwicklungen von Selbsthilfegruppen, hekt. Ms. Universität Hamburg, Juli
Heckmann, Wolfgang, 1981: Drogenabhängigkeit. In: Rexilius et al. (Hg), Handbuch psychologischer Grundbegriffe, Reinbek (Rowohlt)
Hegner, Friedhart, 1981: Zur Systematisierung nicht-professioneller Sozialsysteme. In: Badura/Ferber (Hg)
Hegner, Friedhart, 1985a: Öffentliche Förderung von Selbsthilfe und Selbstorganisation. In: Keim/Vascovics (Hg), Wege zur Sozialplanung, Opladen (Westdeutscher Verlag)
Hegner, Friedhart, 1985b: Soziale Dienste zwischen Beruf und Freiwilligkeit. In: Dierkes/Strümpel (Hg), Wenig Arbeit aber viel zu tun, Opladen (Westdeutscher Verlag)
Hegner, Friedhart, Cordelia Schlegelmilch, 1983: Unkonventionelle Beschäftigungsinitiativen. Diskussionsvorlage zu einem Werkstattgespräch, Wissenschaftszentrum Berlin, 16. Mai 1983
Hegner, Friedhart, Cordelia Schlegelmilch, 1984: Neue Formen der Beschäftigung haben Zukunft. In: WZB-Mitt., März
Heinze, Rolf, Thomas Olk, 1983: Rückzug des Staates – Aufwertung der Wohlfahrtsverbände? In: Bauer/Dießenbacher (Hg), Organisierte Nächstenliebe, Opladen (Westdeutscher Verlag)
Herder-Dorneich, Philipp, 1982: Zur Ordnungspolitik der Laienmedizin. In: Herder-Dorneich/Schuller (Hg)
Herder-Dorneich, Philipp, Alexander Schuller (Hg), 1982: Spontaneität oder Ordnung. Laienmedizin gegen professionelle Systeme, Stuttgart (Kohlhammer)
Hertel, Karin, Friedemann Tiedt, 1984: Modellkonzept Förderung von Selbsthilfe und Alternativprojekten im Sozial- und Gesundheitsbereich, hekt. Ms., München
Hilfe von Mensch zu Mensch. 100 Jahre Elberfelder Armenpflegesystem

1853–1953, hrsg. v. d. Stadtverwaltung Wuppertal, Presse- und Werbeamt 1953
Hoplitschek, Ernst, 1986: Vergleichende Untersuchung der Förderungsprogramme für Selbsthilfegruppen bei Ländern und Kommunen der Bundesrepublik, hekt. Ms., SenGesSoz Berlin, Mai
Huber, Ellis, 1981: Selbsthilfe – eine Chance für die professionellen Helfer? In: Kickbusch / Trojan (Hg)
Huber, Ellis, 1983: Perspektive Selbsthilfe. Zur schwierigen Beziehung zwischen alternativem Leben und sozialer Politik, hekt. Ms., Berlin
Huber, Ellis, 1984: Selbstsuggestion. In: Neue Gesellschaft, 31. Jg., Nr. 4 / April
Huber, Ellis, 1986: Berliner Gesundheitslehren. Gemeinschaftliche Gesundheitssicherung als kommunalpolitische Zielperspektive. In: Blanke / Evers / Wollmann (Hg)
Huber, Joseph (Hg), 1979: Anders arbeiten, anders wirtschaften, Frankfurt (Fischer)
Huber, Joseph, 1980: Wer soll das alles ändern. Alternativen der Alternativbewegung, Berlin (Rotbuch)
Huber, Joseph, 1981: Jenseits von Markt und Staat. Netzwerke der Selbsthilfe und Eigenarbeit. In: L'80 Zeitschrift für Literatur und Politik, Heft 17, Februar
Huber, Joseph, 1983a: Die neuen sozialen Bewegungen zwischen Konfrontation und Kooperation. In: Fink (Hg)
Huber, Joseph, 1983b: Duale Sozialpolitik – Fremdversorgung und Eigenbeteiligung. In: Koslowski u. a. (Hg), Chancen und Grenzen des Sozialstaates, Tübingen (Mohr)
Huber, Joseph, 1984: Die zwei Gesichter der Arbeit. Ungenutzte Möglichkeiten der Dualwirtschaft, Frankfurt (Fischer)
Huber, Joseph, 1985: Die Regenbogengesellschaft. Ökologie und Sozialpolitik, Frankfurt (Fischer)
Illich, Ivan u. a., 1979: Entmündigung durch Experten, Reinbek (rororo)
Illich, Ivan, 1985: Zur Problematik sozialer Dienstleistungen in modernen Gesellschaften. In: SenGesSoz 1985a
Jänicke, Martin, 1982: Parlamentarische Entwarnungseffekte? Zur Ortsbestimmung der Alternativbewegung. In: Mettke (Hg), Die Grünen, Hamburg (Spiegel / Rowohlt)
Kaiser, Manfred, 1985: Alternativ-ökonomische Beschäftigungsexperimente, quantitative und qualitative Aspekte. Eine Zwischenbilanz. In: MittAB, 18. Jg., Heft 1
Karl, Frank, 1984: Merkwürdige Koalition? In: Neue Gesellschaft, 31. Jg., Nr. 4 / April
Kaufmann, Franz-Xaver, 1982: Elemente einer soziologischen Theorie sozialpolitischer Intervention. In: Ders. (Hg), Staatliche Sozialpolitik und Familie, München / Wien (Oldenbourg)
Kickbusch, Ilona, 1981: Von der Zerbrechlichkeit der Sonne. Gedanken zu Selbsthilfegruppen. In: Kickbusch / Trojan (Hg)

Kickbusch, Ilona, Alf Trojan (Hg), 1981: Gemeinsam sind wir stärker, Frankfurt (Fischer)
Koch, Roland (Hg), 1986: Selbsthilfe, Krefeld (sinus)
Köhler, Barbara Maria, Rupprecht Thorbecke, 1986: The importance of structure concerning the effectiveness of self-help groups. An empirical investigation, Wissenschaftszentrum Berlin (IIVG/dp 86 – 202)
Körner, Hans-Erich, Dieter Greese, 1983: Die Furcht der Selbsthilfegrupen vor der öffentlichen Finanzierung. In: Blätter der Wohlfahrtspflege, 130. Jg., September
Köttelwesch, Gerda, 1986: Ehrenamtliche Dienste in der Altenhilfe. In: Berliner Senioren-Post, 9. Jg., Nr. 6/Juni
Kolenberger, Lothar, Hans-Albrecht Schwarz, 1982: Die alternative Bewegung in West-Berlin – eine Bestandsaufnahme. F. G. S. Occasional Papers, 82–1, FU Berlin
Kolenberger, Lothar, Hans-Albrecht Schwarz, 1983: Mit den Alternativen in eine neue Zukunft? In: Grottian/Nelles (Hg)
Kontakt- und Informationsstelle (KISS), 1984: Jahresbericht, Hamburg
Koschwald, Ulrich, 1981: Bewertung von Selbsthilfegruppen. In: Kickbusch/Trojan (Hg)
Krebs, Hartmut, 1986: Selbsthilfe – Lückenbüßer oder echte Alternative? hekt. Ms. d. Stiftung Die Mitarbeit, Bonn
Krebs, Hartmut, Werner Schauerte, 1986: Lernfeld Bürgerinitiative. Eine Befragung soziokultureller Initiativgruppen in der Bundesrepublik. hekt. Ms d. Stiftung Die Mitarbeit, Bonn
Kriescher-Fauchs, Monique, Doris Schaeffer, 1985: Institutionalisierung der Selbsthilfe am Beispiel SEKIS Berlin. In: Theorie und Praxis der sozialen Arbeit, Heft 7/8
Krotz, Friedrich, 1986: Die Berliner Förderung von Selbsthilfe: Hilfe zur Autonomie oder Instrumentalisierung? Teilbericht des DFG-Projektes »Neue Subsidiaritätspolitik«, ZI6 der FU Berlin, August
Kück, Marlene, 1985a: Neue Finanzierungsstrategien für selbstverwaltete Betriebe, Frankfurt (Campus)
Kück, Marlene, 1985b: Alternative Ökonomie in der Bundesrepublik. In: Aus Politik und Zeitgeschichte, B32, 10. August
Lakemann, Ulrich, 1984: Das Aktivitätsspektrum privater Haushalte in der Bundesrepublik von 1950–1980. Eine vergleichende Auswertung empirischer Untersuchungen. Wissenschaftszentrum Berlin (IIM/LMP 84–19)
Lehmann-Brauns, Uwe, 1982: Presseerklärung als MdA v. Berlin betr. »Gewalt und ›Staatsknete‹ – zum Verhältnis von CDU und alternativer Szene in Berlin«; mit einem hekt. Anhang vom Januar 1982; Juni
Leipert, Christian, 1984: Ökologische und soziale Folgekosten der Produktion. In: Aus Politik und Zeitgeschichte, B 19/84, 12. Mai
Maier, Hans, 1986: Das Handwerk und die Berufseingliederung Jugendlicher in der Bundesrepublik, Wissenschaftszentrum Berlin, dp IIM/LMP 86–3, 24.
Makowski, Michael, 1986: Abschied vom Kollektiv-Mythos. In: Contraste. Zeitschr. f. Selbstverwaltung, Juni

Marzahn, Christian, 1985: Die Experten. Bedrohung oder Hilfe? In: SenGesSoz 1985 a
Mayer, Margit, 1982: Selbsthilfe als staatliche Kostenreduzierung. In: Widersprüche, Heft 4/5, Dezember
Melcher, Karl-J., 1985: Selbsthilfe Krebs im Albrecht-Achilles-Haus, Erfahrungsbericht März 1983–Februar 1985
Miegel, Meinhard, 1981: Sicherheit im Alter, Stuttgart (Bonn aktuell)
Miegel, Meinhard, 1983: Die verkannte Revolution. Einkommen und Vermögen der privaten Haushalte, Stuttgart (Bonn aktuell)
Moeller, Michael Lukas, 1978: Selbsthilfegruppen, Reinbek (Rowohlt)
Moeller, Michael Lukas, 1981: Anders helfen. Selbsthilfegruppen und Fachleute arbeiten zusammen, Stuttgart (Klett-Cotta)
Mohr, Willy, 1984: Selbsthilfe, was ist das? Versuch einer Positionsbestimmung. In: Berliner Stattbuch 3 (Stattbuch Verlag)
Mosdorf, Siegmar, 1980: Die sozialpolitische Herausforderung, Köln (Bund)
Münchner Medizinische Wochenschrift 127 (1985), Nr. 43, Ärzte und Selbsthilfegruppen – auf der Suche nach Kontakt, München (Medizinischer Verlag)
Nell-Breuning, Oswald von, 1980: Gerechtigkeit und Freiheit. Grundzüge katholischer Soziallehre. Wien
Nelles, Wilfried, 1983: Neue soziale Bewegungen und alte Politik. In: Grottian/Nelles (Hg)
Nelles, Wilfried, Wolfgang Beywl, 1984: Selbstorganisation: Alternativen für Verbraucher, Frankfurt (Campus)
Netzbau, 1982: Fakten, Dokumente und Diskussionen, Berlin (Netzwerk Selbsthilfe)
Novy, Klaus, 1980: Aktualität und Inaktualität Franz Oppenheimers. In: Archiv f. öffentliche und freigemeinnützige Unternehmen, Heft 12
Oppenheimer, Franz, 1986: Die Siedlungsgenossenschaft, Leipzig
Pankoke, Eckart, 1983: Solidarhilfe zwischen primärer Nähe und sekundären Systemen. In: Asam/Heck (Hg)
Pokatzky, Klaus, 1983: Die Verantwortung hat jeder für sich selbst und für die Gruppe. In: Fink (Hg)
Prognos, 1984: Entwicklung der freien Wohlfahrtspflege, bis zum Jahr 2000 – Kurzfassung, Projekt 121 – 1977, Basel, März
Psychosoziale Hilfen im regionalen Verbund, 1982: Analysen und Perspektiven zur Überwindung der Struktur- und Finanzkrise in der Psychiatrie, hrsg. v. DGSP, DGVT u. GWG, Tübingen
Rosenbrock, Rolf, 1983: Selbsthilfegruppen im Gesundheitswesen unter Anpassungsdruck, Wissenschaftszentrum Berlin (IIVG/pre 83–212)
Rosenbrock, Rolf, 1984: Einige Aspekte der Beziehung zwischen Selbsthilfe und Primary Health Care, discussion paper, Wissenschaftszentrum Berlin
Rosenbrock, Rolf, 1985: Der Dialog muß jetzt praktisch geführt werden – Gedanken zum Gesundheitstag 1984 in Bremen. In: Soziale Sicherheit, Heft 4
Rucht, Dieter, 1983: Die Bürgerinitiativbewegung. In: Grottian/Nelles (Hg)
Sachße, Christoph, Florian Tennstedt, 1980: Geschichte der Armenfürsorge in Deutschland, Stuttgart (Kohlhammer)

Schmidbauer, Wolfgang, 1983: Helfen als Beruf, Reinbek (Rowohlt)
Schmidt, Manfred, o. J.: Selbsthilfezentrum für Anfallkranke. Ein Erfahrungsbericht, Papier d. SHG f. Anfallkranke, Zillestr. 102, 1 Berlin 10
Schipperges, Heinrich, 1982: Laienmedizin als Säkularisierung der professionellen Medizin. In: Herder-Dorneich / Schuller (Hg)
Schlegelmilch, Cordelia, 1982: Grauer Arbeitsmarkt für Hochschulabsolventen, Wissenschaftszentrum Berlin (IIM / LMP dp – 82 / 5)
Schnurre, Maria u. a., 1985: Selbsthilfe nach Krebs. Erfahrungsbericht März 1983 – Februar 1985, Albrecht-Achilles-Str. 65, 1 Berlin 31
Sekis, 1984: Jahresbericht 1983
Sekis, 1985: Jahresbericht 1984
SenGesSozFam, 1983: Förderung von Selbsthilfegruppen. 66. Sitzung d. Hauptausschusses v. 15. Dez. 1982, Berlin, Mai
SenGesSozFam, 1984: Förderung von Selbsthilfegruppen. 34. Sitzung des Abgeordnetenhauses v. 9. Dez. 1982 und 56. Sitzung d. Abgeordnetenhauses v. 9. Dez. 1983, Berlin, Mai
SenGesSoz, 1985 a: Kongreßdokumentation »Neue Wege in der Sozial- und Gesellschaftspolitik«, Berlin
SenGesSoz, 1985 b: Förderung von Selbsthilfegruppen. 82. Sitzung des Abgeordnetenhauses v. 7. Dez. 1984, Berlin, Oktober
SenGesSoz, 1986: Förderung von Selbsthilfegruppen. 17. Sitzung des Abgeordnetenhauses v. 6. Dez. 1985, Berlin, September
SenGesSozFam (Hg), 1984 a: Hilfe durch Selbsthilfe – Selbsthilfegruppen in eigener Darstellung. Ein Wegweiser, 4. Aufl., Berlin
SenGesSozFam (Hg), 1984 b: Das Berliner Modell. Hilfe durch Selbsthilfe, Berlin, April
Sozialbericht 1986, hrsg. v. Bundesministerium für Arbeit und Sozialordnung
Sozialpädagogische Beratung im Kirchenkreis Steglitz (Hg), 1983: Erfahrungsbericht über die Arbeit der Sozialstationen in Berlin-Steglitz
SPD Berlin, 1984 a: Sozialstaat und Selbsthilfe, Berlin
SPD Berlin, 1984 b: Sozialabbau und die Folgen, Berlin
Statistisches Jahrbuch Berlin, 1985: hrsg. vom Statistischen Landesamt (Kulturbuch Verlag)
Stokes, Bruce, 1981: Helping Ourselves. Local Solutions to Global Problems, N. Y. / London (W. W. Norton)
Sund, Olaf, 1984: Neues Feld entwickeln. In: Neue Gesellschaft, 31. Jg., Nr. 4 / April
Synanon, 1981: Für ein Leben ohne Drogen, Berlin (Selbstverlag; Bernburger Str. 24, 1 Berlin 61)
Thiemeyer, Theo, 1981: Selbsthilfe und Selbsthilfebetriebe aus ökonomischer Sicht. In: Badura / Ferber (Hg)
Trojan, Alf (Hg), 1986: Wissen ist Macht. Eigenständig durch Selbsthilfe in Gruppen, Frankfurt (Fischer)
Unruh, Trude, 1984: Aufruf zur Rebellion. Graue Panther machen Geschichte, Essen (Klartext)
Verband alleinstehender Mütter und Väter, Bundesverband e. V., 1985: So

schaffe ich es allein!, von Sophie Behr überarb. 4. Aufl., Van Groote Platz 20, 53 Bonn 2, Oktober
Vilmar, Fritz, Brigitte Runge, 1986: Auf dem Weg zur Selbsthilfegesellschaft?, Essen (Klartext)
Vogel, Hans-Jochen, 1984: Rückbesinnung auf genossenschaftliche Ideen. In: Neue Gesellschaft, 31. Jg., Nr. 4 / April
Wallraff, Hermann-Josef, 1975: Katholische Soziallehre – Leitideen der Entwicklung? Köln (Walter-Raymond-Stiftung)
Wend, Christian, 1983: Von der punktuellen Selbsthilfe zur Strategie basisorientierter kleinräumlicher Sozialpolitik. In: Grottian / Nelles (Hg)
Wend, Christian, 1985: Neue soziale Netze – Entwicklungsstand und Förderungsansätze in Berlin. Tagungspapier des DIFU Berlin, Seminar »Soziale Netze«, 23.–26. 9. 1985
Wesel, Barbara, 1985: Der Preis der Seele. In: Kursbuch Nr. 82
Wicke, Lutz, 1986: Die ökologischen Milliarden. Das kostet die zerstörte Umwelt, so können wir sie retten, München (Kösel)
Wilk, Ralph-Dieter, 1986: Selbsthilfe durch neue Technologien. Das Beispiel Synanon in Berlin. In: Blätter der Wohlfahrtspflege, 133. Jg., Juli / August
Will, Herbert, 1985: Selige Gesundheit. Systeme der Therapiegesellschaft. In: Kursbuch Nr. 82
Winkelvoss, Heide, Ralf Itzwerth, Alf Trojan, 1981: Zur Definition und Verbreitung von Gesundheitsselbsthilfegruppen. In: Kickbusch / Trojan (Hg)
Wittrock, Karl, 1985: Gegner der Selbsthilfe: Paragraphen, Pläne, Budgets. In: SenGesSoz 1985 a
Wolfenden, Baron John, 1978: The future of voluntary organisations. Report of the Wolfenden Committee, London

Klaus Allerbeck/Wendy J. Hoag

Jugend ohne Zukunft?

Einstellungen, Umwelt, Lebensperspektiven
4. Aufl., 18. Tsd. 1986. 207 Seiten. Serie Piper 433

In diesem Buch wird »eine der umfassendsten Jugenduntersuchungen der deutschen Forschungsgeschichte« (Stuttgarter Nachrichten) dargestellt, die aufgrund einer wissenschaftlich gesicherten Stichprobe Einstellungen, Wertorientierungen und Lebensperspektiven junger Menschen zwischen 15 und 19 Jahren hat. Die Autoren stellen ihre Ergebnisse denen der großen Jugenduntersuchung gegenüber, die Ludwig von Friedeburg vor rund zwei Jahrzehnten durchgeführt hat an Jugendlichen, die heute nahezu als die Elterngeneration der jetzt Befragten gelten könnten. Wie sahen damals, wie sehen heute junge Menschen Beruf und Familie, Umwelt und Zukunft? Was ist gleich geblieben, was hat sich verändert? Das aufschlußreiche Material vermittelt dem Leser einen Eindruck von dem tiefgreifenden Wandel, den Jugendalter, Alltagserfahrung und Lebensperspektiven erlebt haben; überraschend ist, wie stark Werthaltungen – etwa in Moral und Politik – konstant geblieben sind.
Die Autoren zeichnen vorsichtig gewichtend ein differenziertes, vielschichtiges Profil der Jugend, das die herrschenden Charakteristiken zu bloßen Stereotypen stempelt. Sie verstehen ihr Buch nicht zuletzt als Beitrag zu einem besseren Verständnis der Generationen untereinander.

Franz Alt

Frieden ist möglich

Die Politik der Bergpredigt
23. Aufl., 870. Tsd. 1986. 119 Seiten. Serie Piper 284

»Entweder wir schaffen die Atombomben ab, oder die Atombomben schaffen uns ab.« Franz Alt – bekannter Fernsehjournalist, Christdemokrat und aktiver Katholik – war noch vor kurzem ein Vertreter der Nachrüstungspolitik. Heute weiß er: Nur radikale Umkehr gibt der Menschheit eine Chance des Überlebens. Zum drohenden Ende der Geschichte gibt es nur eine Alternative: eine Politik im Geist der Bergpredigt, d. h. die Absage an alle Formen der Gewalt, wie Jesus sie gefordert hat.

»An der Fülle der Literatur zum wichtigsten Thema unserer Zeit ragt Alts Buch aus dreierlei Gründen heraus. Es ist ganz persönlich und ganz ehrlich geschrieben; es ist praktisch und verständlich zugleich, und schließlich ist es angenehm kurz. Als Pflichtlektüre in Schulen, und Bischofskonferenzen, im Bundestag und bei den Verteidigern christlicher Werte besonders geeignet.« Heinrich Albertz, DIE ZEIT

»Dieses erregende Buch rüttelt auf, neue Wege zu suchen, um vom blinden Glauben an die mechanische Wirkung der Abschreckung loszukommen.«
Bischof Walther Kampe, Stern

»Dies ist ein mutiges Buch. Wenn ein konservativer Publizist Schluß macht mit der Spaltung zwischen Politik und Bergpredigt, Verantwortungs- und Gesinnungsethik, dann ist dies ein Ereignis.« Erhard Eppler

Vom gleichen Autor liegt vor:

Liebe ist möglich

7. Aufl., 217. Tsd. 1987. 220 Seiten. Serie Piper 429

»Abtreibung und Aufrüstung, der Krieg gegen die Ungeborenen und der mögliche Atomkrieg, haben dieselbe Wurzel: die Gewalt und die Angst in uns ... Die eigentliche Revolution steht noch aus: die Revolution der Gewaltlosigkeit, die Revolution des Bewußtseins, die Revolution der Liebe.«
Franz Alt

»Alt provoziert, unser Handeln zu ändern und weiterzudenken.« Publik Forum

PIPER

Thea Bauriedl

Die Wiederkehr des Verdrängten

Psychoanalyse, Politik und der Einzelne
1986. 250 Seiten. Kt.

Was verdrängt ist, scheint nicht mehr da zu sein. Wenn wir unsere Angst verdrängen, sind wir scheinbar von ihr frei; wenn wir unsere Wünsche verdrängen, können wir scheinbar unabhängig von unseren Bedürfnissen handeln. Eine wichtige These der Psychoanalyse ist aber, daß das Verdrängte nicht wirklich verschwunden ist, sondern in anderer Form wiederkehrt.
Je gewaltsamer der Verdrängungsvorgang, desto bedrohlicher und gefährlicher sind die Auswirkungen der »Wiederkehr des Verdrängten«. Diese Grunderfahrung der Psychoanalyse überträgt die Autorin auf die Gesellschaft. Sie versteht dabei »Das Verdrängte« in einem sehr weiten Sinn. Die »Nebenprodukte« unserer Technik, die uns und unsere Umwelt vergiften, sind ebenso gemeint wie ausgegrenzte psychisch Kranke und Behinderte, unterdrückte politische Minderheiten, die »stummen« Mehrheiten in unserer Demokratie wie schließlich die Atombombe als extremer Ausdruck verdrängter kollektiver Angst. Gegenwärtig kehren viele der verdrängten Abhängigkeiten gewaltsam in unser Bewußtsein zurück. Es wird uns bewußt, daß wir mit unseren modernsten Waffen keinen Krieg mehr führen können, ohne uns selbst zu zerstören. Unsere Technik hinterließ und hinterläßt Giftstoffe, die uns und unsere Nachkommen unvorstellbar lange Zeit bedrohen werden. In hohem Ausmaß sind unsere Nahrungsmittel vergiftet oder – wie das Trinkwasser – von Vergiftung bedroht. Thea Bauriedl appelliert an ihre Leser, die »ganze« Wirklichkeit zu sehen, die Wiederkehr des Verdrängten anzunehmen und als Chance wahrzunehmen. Je frühzeitiger das Unterdrückte, die »Minderheiten« in uns, die »Abfallprodukte« im weitesten Sinn wieder wahrgenommen und angenommen werden, desto größer ist die Chance für Veränderungen, die lebenserhaltend sind.
Die Autorin hat sich bereits mit Veröffentlichungen im Bereich der Psychoanalyse einen Namen gemacht und ist in letzter Zeit gesuchte Referentin in Politikergremien und im Bereich der Ökologie und Friedensbewegung.

Roland Röhl

Natur als Waffe

Die Umwelt in der Planung der Militärstrategen
1985. 119 Seiten mit 12 Abbildungen. Serie Piper 445

Die Arsenale an atomaren, biologischen und chemischen Waffen reichen aus, um jegliches Leben auf der Erde auszulöschen. Trotzdem planen Militärstrategen den Einsatz von Naturgewalten als Waffe. Roland Röhl – Naturwissenschaftler und Wissenschaftspublizist – beschreibt die heute vorstellbaren Techniken, die naturwissenschaftlichen Grundlagen, die potentielle militärische Anwendung und historische Vorbilder solcher »Umweltwaffen«. Das Sprengen von Staudämmen, das Bombardieren von Ölquellen, das Auslösen von Erdbeben oder Vulkanausbrüchen, künstlich erzeugter Sturm, Regen oder Hagel, das gezielte »Öffnen« der Ozonschicht – das sind nur einige Beispiele des Einsatzes der Natur als Waffe.
Röhl diskutiert Möglichkeiten, wie solche Erweiterung der Waffenarsenale verhindert werden kann. Die bisherigen Ansätze, auf diesem Gebiet zu einer Konvention zu kommen, werden kritisch gewürdigt.
Das Buch will aufklären und zugleich an Politiker, Militärs und Wissenschaftler appellieren, einer erschreckenden Entwicklung Einhalt zu gebieten.

Anders Wijkman/Lloyd Timberlake

Die Rache der Schöpfung

Naturkatastrophen – Verhängnis oder Menschenwerk?
Aus dem Engl. von Christine von Spelsberg und Roger Willemsen.
1986. 234 Seiten mit 40 Abbildungen. Serie Piper 551

Dürren, Hungersnöte, Überflutungen, Hurrikans, Erdbeben, Vulkanausbrüche ... In den siebziger Jahren starben jedes Jahr sechsmal mehr Menschen durch Naturkatastrophen als in den sechziger Jahren, obwohl die Zahl der Katastrophen um fünfzig Prozent stieg. Wo liegt der Grund?
Dieses Buch zeigt, wie die Menschen ihre Umwelt verändern und sie damit katastrophengefährdeter machen – und sich selbst ungeschützter. Es zeigt, daß Katastrophen arme Menschen in armen Ländern treffen. Eine Katastrophe in Japan tötet im Durchschnitt 63 Menschen. Die Sterberate in Peru beträgt 2900. 1974 tötete ein Hurrikan in Honduras über 4000 Menschen. Ein ähnlicher Sturm in Australien tötete nur 49.
Die Rache der Schöpfung.
Naturkatastrophen – Verhängnis oder Menschenwerk? zeigt, wie mißverständlich der Begriff »Naturkatastrophe« sein kann. Natürliche Gewalt wie Erdbeben, Wirbelstürme und extreme Wetterwechsel können zwar Katastrophen auslösen, aber in vielen Ländern der Dritten Welt sind es die Verschlechterung der Umweltsituation, Armut und rapides Bevölkerungswachstum, die ein Naturereignis zur eigentlichen Katastrophe werden lassen.
Dieses Buch fragt, ob die übliche Reaktion der reichen Nationen auf eine Katastrophe – die schnelle, zeitlich befristete Nothilfe – noch angemessen ist. Denn heute werden die meisten größeren Katastrophen durch »fehlgelaufene Entwicklungen« ausgelöst. Hilfsmaßnahmen, die sich auf den Katastrophenfall beschränken, stellen nur den untauglichen Versuch dar, das Meer des Elends mittels einer Schöpfung trockenzulegen. Was wirklich nottut, ist eine Entwicklungshilfe, die die Anfälligkeit der Katastrophen verringert anstatt vergrößert.